Historische Einordnung

Seit 321 n. Chr. ist jüdisches Leben in Deutschland nachgewiesen. Ein Edikt des römischen Kaisers Konstantin belegt die Existenz einer jüdischen Gemeinde im heutigen Köln – der älteste Nachweis für die jüdische Diaspora nördlich der Alpen.

Seit 1700 Jahren wird das heutige Deutschland von Juden mitgeprägt und jüdisches Leben wurde gleichzeitig nachhaltig von der nicht-jüdischen Umwelt beeinflusst. Insbesondere im späten 19. wie im frühen 20. Jahrhundert fühlten sich viele Juden als jüdisch und deutsch zugleich und wurden auch seit 1869 bzw. 1871 als deutsche Staatsbürger jüdischen Glaubens zumindest *de iure* anerkannt. Ganz ausdrücklich können und sollen die didaktisierten Materialien dieses Heftes also keine rein jüdische Separat-Geschichte erzählen.

Zudem wird man der deutsch-jüdischen Geschichte, wenn man sie lediglich auf die Verfolgung und die Shoa reduziert, nicht gerecht, umfasst sie doch eine Vielzahl weiterer vielschichtiger und wechselseitiger Momente kulturellen Kontakts, der Abgrenzung sowie der Integration. Als Minderheit innerhalb einer (christlichen) Mehrheit gestalteten und erfuhren Juden in Deutschland unterschiedliche Phasen, welche nicht nur als Narrative der Verfolgung und Bedrohung erzählt werden dürfen; vielmehr sollten diese Erzählungen auch Perioden der Konsolidierung, des friedfertigen Miteinanders sowie der kulturellen, geistigen und ökonomischen Blüte inkludieren.

So spiegelt die Begegnung zwischen Juden und Christen im Mittelalter exemplarisch etliche der bereits erwähnten Punkte wider: Juden wurden aufgrund antijudaistischer Mythen im Zuge der Kreuzzüge oder der Pest verfolgt, (zumeist lokal begrenzte) Privilegien stellten aber auch die Grundlage für eine Konsolidierung und mitunter auch ökonomischen Wohlstand dar. Die verhältnismäßig hohe Bildung vieler mittelalterlicher Juden stand zudem in starkem Gegensatz zum niedrigen Bildungsstand der christlich geprägten Feudalgesellschaft Mitteleuropas. Ebenso wenig wird man dem gesamten Spektrum deutsch-jüdischer Beziehungen in der Frühen Neuzeit gerecht, reduzierte man diese lediglich auf antijudaistische protestantische Pamphlete. Insbesondere vor dem Hintergrund der Emanzipation der deutschen Juden in der zweiten Hälfte des 19. Jahrhunderts erscheint es von immenser Bedeutung auch über die frühneuzeitlichen Wurzeln – z. B. die (wohl eher eigennützigen) kurfürstlichen Toleranzedikte und städtischen Privilegien, aber auch den durch die Aufklärung bedingten Wandel sowie die jüdische Haskala – zu berichten.

Kennzeichnend für deutsch-jüdische Beziehungen in der Moderne sind vor allem die Emanzipation deutscher Juden, der zunehmend rassisch definierte Antisemitismus, jüdische Reaktionen auf diesen (Zentralverein vs. Zionismus), aber auch eine beeindruckende Phase kultureller wie intellektueller Blüte und Vielfalt im Kaiserreich wie der Weimarer Republik. So lässt sich auch für diese Perioden konstatieren, dass die Perspektive der Verfolgung und Ausgrenzung nicht ausreicht, um deutsch-jüdisches Leben in seiner gesamten Bandbreite darzustellen.

Kurzum erscheint es für eine Betrachtung der gesamten 1700 Jahre deutsch-jüdischer Geschichte viel zu einseitig, eine reine Opferperspek[illegible] zählen.

AF703602

Unterrichtliche Relevanz

Ein primäres Ziel des Geschichtsunterrichts ist es, die SchülerInnen zu gesellschaftlicher Mündigkeit anzuleiten. Dies inkludiert insbesondere die Förderung und Ausbildung eines kritischen Geschichtsbewusstseins, mithilfe dessen sich Heranwachsende in der sie umgebenden Geschichtskultur eigenständig orientieren, historische Deutungen dekonstruieren und zu diesen selbstständig und fundiert Stellung beziehen können.

Gerade im Hinblick auf das Themenfeld „Judentum" sind Jugendliche mit einer Vielzahl von Einflüssen und Deutungen konfrontiert – seien es im Netz verbreitete rechtsnationale Verschwörungstheorien, rechtspopulistisch-nationalistische Forderungen im Hinblick auf die deutsche Erinnerungskultur, linker wie muslimischer Antizionismus oder gar antisemitisch motivierte Gewalttaten. Grundlage für eine kompetente Systematisierung und Auseinandersetzung mit den hier nur grob skizzierten Einflussfaktoren stellen sichere Kenntnisse und erworbene Haltungen zur deutsch-jüdischen Geschichte dar.

Wie bereits angedeutet, verschenkt eine reine Reduktion der unterrichtlichen Narration auf die Themenfelder Verfolgung wie Shoa bedeutendes didaktisches Potential bzw. birgt Gefahren:

- Ein reiner Fokus auf die Verfolgungsgeschichte kann, insbesondere für Heranwachsende, emotional-affektiv sehr herausfordernd sein und mitunter auf Seiten der Lernenden das Gegenteil der von der Lehrkraft intendierten Emotionen hervorrufen.
- Das breite Spektrum deutsch-jüdischer Geschichte kann neue unterrichtliche Narrative eröffnen und äußerst gewinnbringend an Themen angebunden werden, welche weit über den religiösen Antijudaismus des Mittelalters und die Shoa hinausreichen – etwa Längsschnitte zu „Menschenrechten" und „nationalen Identitäten"
- Eine ausführlichere Beschäftigung mit der deutsch-jüdischen Geschichte ermöglicht es Lehrenden zudem, Chancen in der deutsch-jüdischen Geschichte aufzuzeigen sowie Entwicklungen zu zeichnen, welche nicht jäh mit dem Holocaust enden.
- Diverse Epochen der deutsch-jüdischen Geschichte (z. B.: Haskala, Weimarer Republik) eignen sich im besonderen Maße, die Lernenden für den kulturellen

Beitrag und das geistig intellektuelle Erbe deutscher Juden zu sensibilisieren.
- Kenntnisse von jüdischen kulturellen wie religiösen Gepflogenheiten und Bräuchen fördern grundsätzliche Verständnis und Offenheit für andere Kulturen und Religionen.
- Um das Existenzrecht des Staates Israels dezidiert verteidigen zu können, müssen Lernende neben der Shoa auch Bezüge zum Zionismus des späten 19. Jahrhunderts herstellen können.

Das Material

Das im Folgenden skizzierte Material ist für beide Sekundarstufen geeignet und kann entweder als komplette Unterrichtsreihe oder auch nur punktuell eingesetzt werden. Für einige Themenkomplexe erscheint es jedoch sinnvoll, für die Sekundarstufe I Anpassungen vorzunehmen – z. B. in Form von inhaltlichen Kürzungen und einer Reduktion der Arbeitsaufträge.

Die hier vorgestellten Arbeitsblätter tragen den eingangs angeführten Punkten Rechnung: Sie zeichnen weder eine exklusiv jüdische Geschichte noch reduzieren sie diese ausschließlich auf die Themen Ausgrenzung und Verfolgung.

So werden im Hinblick auf das deutsch-jüdische Zusammenleben im Mittelalter neben den antijudaistischen Kreuzzugspogromen (S. 3) auch Privilegien wie das Alltagsleben in jüdischen Gemeinden (S. 3 f.) thematisiert.

Im Hinblick auf die Frühe Neuzeit werden neben dem Antijudaismus der Reformation (S. 7) auch Voraussetzungen für die spätere Emanzipation – so z. B. kurfürstliche und städtische Privilegien wie die Haskala (S. 10 f.) – in den Fokus der unterrichtlichen Betrachtung gerückt.

In der Moderne wird die 1848/49 begonnene Emanzipation (S. 12 f.), aber auch der Herzlsche Zionismus (S. 14 f.), welcher als Reaktion auf den rassisch definierten Antisemitismus einzustufen ist, in den Mittelpunkt der unterrichtlichen Betrachtung gerückt. Die Arbeitsmaterialien zum Kaiserreich (S. 17 f.), welche von sozialem Aufstieg, bedeutsamen kulturellen und wirtschaftlichen Beiträgen, der Antisemitenpetition sowie beeindruckenden architektonischen Leistungen berichten, ermöglichen den Lernenden einen vielschichtigen Einblick in die komplexen und unterschiedlichen Erfahrungen, welche deutsche Juden in dieser Phase erlebten. Ein differenziertes Bild im Hinblick auf jüdisches Leben in der Weimarer Republik können die Lernenden anhand der Materialien nachzeichnen, welche Auswirkungen die Demokratisierung der Gesellschaft auf jüdische Gemeinden hatte (S. 20) und anhand des Beispiels Walther Rathenau überprüfen, inwiefern die jüdische Emanzipation in der ersten deutschen Demokratie vollends realisiert oder bereits wieder begraben wurde (S. 21). Zuletzt sollen die Lernenden für die geistig-kulturellen Verdienste und Leistungen jüdischer Intellektueller wie Künstler in der Weimarer Republik sensibilisiert werden (S. 22).

Der abschließende Klausurvorschlag erfordert eine Gegenüberstellung wie Bewertung von Reaktionen (integrative Forderungen des Zentralvereins vs. zionistische Forderung nach Abgrenzung) auf den rassisch definierten Antisemitismus der wilhelminischen Gesellschaft (S. 23).

Insgesamt kann anhand der Arbeitsblätter eine Einheit gestaltet werden, die Lernenden nicht nur fundierte Kenntnisse der deutsch-jüdischen Geschichte vermittelt, sondern sie insbesondere auch im Hinblick auf eine kritische Auseinandersetzung und Urteilsbildung mit diesem wichtigen Thema fördert wie fordert.

M1 Gründe der Ausgrenzung

Im Mittelalter wurden Juden als Außenseiter häufig verfolgt. Der jüdische Historiker Simon Dubnow (1860–1941) nannte 1926 mögliche Gründe hierfür:

Die verhältnismäßig hohe Schulbildung der Juden, die in krassem Gegensatz zu der grenzenlosen Unwissenheit und Unbildung der christlichen Massen jener Zeit stand, war am wenigsten dazu angetan, die gegenseitigen Beziehungen zwischen den Bekennern der beiden Religionen erträglich zu gestalten. Unter den abergläubischen christlichen Volksmassen galten die Juden als Schwarzkünstler, Zauberer, als Bundesgenossen des Teufels. Ihr Hauptbestreben – so verkündete der Volksmund – gehe nur darauf, die Christen vom Wege der Wahrheit abzulenken; durch allerlei Zauberkniffe stürzten sie die Mönche ins Verderben und verführten diese dazu, sich mit Leib und Seele dem Teufel zu verschreiben und allerhand Missetaten zu vollbringen. Freilich wurden der Zauberei und des vertrauten Umgangs mit dem Satan nicht allein die gelehrten Juden, sondern auch die ketzerischen Christen, die Freidenker, verdächtigt. Die katholische Geistlichkeit setzte ihrerseits alles daran, diesen rohen Aberglauben im Volke zu erhalten, da es den Pfaffen nur zum Vorteil gereichen konnte, alle Freidenker und Andersgläubigen als Helfershelfer des Teufels in Verruf zu bringen. Besonders waren es die jüdischen Ärzte, die als Schwarzkünstler galten, so dass jedes einem Kranken, der von einem Juden behandelt wurde, zugestoßene Unglück der Zauberkunst oder dem bösen Willen des Arztes zugeschrieben zu werden pflegte. [...]

Aus: Dubnow, Simon: Die Geschichte des jüdischen Volkes in Europa. Von den Anfängen der abendländischen Diaspora bis zum Ende der Kreuzzüge. Berlin 1926, S. 155–156

M2 Schutz der Juden

Dagegen wurden Juden aber teilweise auch geschützt. Papst Alexander III. (1159–1181) schrieb beispielsweise Folgendes:

Wenn es auch den Juden nicht gestattet sein darf, sich in ihren Synagogen mehr herauszunehmen als erlaubt ist, so dürfen sie doch in dem, was ihnen zugestanden wurde, keine Beeinträchtigung erfahren. Obwohl sie lieber in ihrer Halsstarrigkeit verharren als die verborgene Bedeutung der Schriften der Propheten kennenzulernen und so zur Erkenntnis des christlichen Glaubens und des Heils zu gelangen, wollen wir, weil sie uns dennoch um unseren Schutz und unsere Hilfe gebeten haben, aus der Güte christlicher Frömmigkeit heraus und nach dem Vorbild unserer Vorgänger, der römischen Bischöfe Calixtus und Eugen seligen Angedenkens, ihre Bitten anhören und ihnen den Schild unseres Schutzes gewähren.

So setzen wir fest, dass kein Christ sie gegen ihren Willen zwingen darf, zur Taufe zu kommen, sondern dass ein Jude, der sich um des Glaubens willen zu den Christen flüchtet, ohne Betrug zu einem Christen gemacht werde, nachdem sein Wille, [diesen Schritt zu tun], ersichtlich geworden ist. Es ist nämlich nicht zu erwarten, dass jemand, der bekanntermaßen nicht aus eigenem Antrieb, sondern gegen seinen Willen zur christlichen Taufe gelangt, dem wahren christlichen Glauben anhängt. Es soll auch kein Christ es wagen, ohne das Urteil der Landesherrschaft Juden zu verletzen, sie zu töten, ihnen ihr Vermögen wegzunehmen oder ihre guten Gewohnheiten, die sie in den Gegenden, die sie bislang bewohnt haben, bis heute halten, abzuändern. Vor allem soll niemand sie bei der Feier ihrer Feste durch Steinwürfe oder Stockschläge belästigen, und es soll niemand Dienstleistungen von ihnen erzwingen, die sie bisher nicht zu erbringen gewohnt waren. Um der Verirrung und Schlechtigkeit niederträchtiger Menschen entgegenzutreten, bestimmen wir außerdem, dass niemand es wagen soll, einen jüdischen Friedhof zu schänden oder zu überfallen oder, um Geld zu erhalten, die Leichname wieder auszugraben. Wenn jedoch jemand, dem der Inhalt dieses Dekrets aufgrund von Abwesenheit unbekannt ist, sich anmaßt, ihm ohne weiteres entgegenzuhandeln, so soll er den Verlust seiner Ehre und seines Amtes erleiden. [...]

Aus: Schoeps, Julius H./Wallenborn, Hiltrud: Juden in Europa. Ihre Geschichte in Quellen. Darmstadt 2001, S. 114–115

1. Fasse die von Dubnow genannten Gründe für Judenverfolgungen (M1) sowie die ihnen von Papst Alexander III. zugesprochenen Rechte (M2) zusammen.
2. Wenn der Papst Juden bestimmte Rechte garantiert, heißt das, dass diese nicht selbstverständlich waren. Stelle aus den beiden Texten Probleme und Gefahren zusammen, denen Juden im Mittelalter begegneten.
3. Nenne mögliche Gründe, weshalb der Papst die Juden schützte.
4. Gibt es einen jüdischen Friedhof in deiner Nähe? Bestimme seine Lage und finde heraus, welche Schutzmaßnahmen für ihn gelten.
5. Juden lebten als Minderheit in einer christlichen Umwelt. Bewerte, inwieweit Anderssein auch heute noch gefährlich sein kann.

copy

© Wochenschau Verlag

M1 Bestätigung der Privilegien

Da Christen zumindest theoretisch kein Geld gegen Zinsen verleihen durften, waren Juden im Mittelalter häufig an Geldgeschäften beteiligt und als Händler unterwegs. Unter Anderem in der Stadt Speyer erhielten sie deshalb 1084 auch Privilegien des Landesherrn, um ihre Ansiedlung zu befördern. Im Jahr 1090 äußerte sich dann Kaiser Heinrich IV. schriftlich zu den Juden dort:

[...] Daher legen wir durch das königliche Gebot unserer Hoheit fest und befehlen, dass in Zukunft niemand, der unter unserer königlichen Macht mit irgendeiner Amtswürde oder Machtbefugnis ausgestattet ist, kein Geringer und kein Großer, kein Freier und kein Sklave, sich unterstehen soll, diese durch irgendwelche falschen Anklagen zu beunruhigen oder anzugreifen. Auch soll niemand es wagen, ihnen irgend etwas von ihrem rechtmäßig ererbten Besitz an Höfen, Häusern, Gärten, Weinbergen, Feldern, Sklaven und sonstigen beweglichen oder unbeweglichen Gütern wegzunehmen. Wenn aber irgend jemand ihnen entgegen diesem Edikt irgendeine Gewalttätigkeit zufügt, so soll er gehalten sein, an die Schatzkammer unseres Palastes oder an die Kämmerei des Bischofs ein Pfund Gold zu zahlen und die Sache, die er ihnen weggenommen hat, doppelt zu erstatten.

Auch sollen sie die freie Erlaubnis haben, ihre Güter mit auch immer es ihnen beliebt in gerechtem Handel auszutauschen und sich frei und unbehelligt in den Grenzen unseres Reiches zu bewegen, ihren Handel und Warenaustausch zu betreiben, zu kaufen und zu verkaufen, und niemand soll von ihnen einen Zoll eintreiben oder irgendeine öffentliche oder private Abgabe von ihnen fordern. In ihren Häusern sollen ohne ihr Einverständnis keine Fremden einquartiert werden. [...]

Niemand soll es wagen, ihre Söhne oder Töchter gegen ihren Willen zu taufen. [...] Wenn ein Christ gegen einen Juden oder ein Jude gegen einen Christen wegen irgendeiner Angelegenheit einen Prozess oder einen Rechtsstreit hat, sollen beide, je nachdem wie die Angelegenheit liegt, gemäß ihrem eigenen Gesetz Gerechtigkeit schaffen und ihre Sache beweisen, und niemand soll den Juden zur [Probe des] glühenden Eisens oder des siedenden oder kalten Wassers zwingen, ihm Geißelhiebe versetzen oder ihn einkerkern, sondern der Jude soll nach vierzig Tagen einen Eid nach dem Gesetz schwören, und er soll nicht [allein] durch Zeugenaussagen bezüglich irgendeiner Angelegenheit überführt werden. [...]

Aus: Schoeps, Julius H./Wallenborn, Hiltrud: Juden in Europa. Ihre Geschichte in Quellen. Darmstadt 2001, S. 121

M2 Eine Steuerliste

In einer Steuerliste von 1241 werden die Steuereinnahmen einiger Bereiche des staufischen Königsterritoriums aufgeführt und auch die jüdische Minderheit gesondert erwähnt. Ein Auszug aus dieser Liste steht hier:

Oppenheim	120 Mark	die dortigen Juden 15 Mark
Boppard	80 Mark	die dortigen Juden 25 Mark
Sinzig	70 Mark	die dortigen Juden 25 Mark
Düren	40 Mark	die dortigen Juden 10 Mark
Kaiserswerth	20 Mark	die dortigen Juden 20 Mark
ingesamt	**7100 Mark**	**die dortigen Juden 875 Mark**

Hartmann, Wilfried (Hg.): Deutsche Geschichte in Quellen und Darstellung, Band 1. Stuttgart 1995, S. 423–428

1. Stelle die Rechte zusammen, die Rüdiger von Speyer und Heinrich IV. den Juden gewähren.
2. Wenn den Juden bestimmte Rechte garantiert werden, heißt das, dass diese nicht selbstverständlich waren. Stelle aus den beiden Texten Probleme und Gefahren zusammen, denen Juden im Mittelalter begegneten.
3. Werte die Tabelle aus. Inwieweit war die jüdische Minderheit wirtschaftlich bedeutend?
4. Beurteile, inwieweit Juden für den mittelalterlichen Handel wichtig gewesen sind.
5. Bewerte, inwieweit heutzutage wirtschaftliche Bedeutung für besondere Rechte sorgen kann.

© Wochenschau Verlag

M1 Eine Verhaltensregel

Juden mussten sich im europäischen Mittelalter in einer christlich geprägten Welt bewegen. Gleichzeitig hatten sie eine eigene Kultur, die teilweise in einem Konflikt zur christlichen Mehrheit stand. Daher entwickelten sich Verhaltensvorschriften, beispielsweise von Ascher ben Jechiel (Rosch, 1250–1327), der in seinem Testament schrieb:

Sei nicht zanksüchtig, halte dich fern von Schwüren und Gelöbnissen, von Gelächter und Ausbrüchen des Zorns; sie verwirren des Menschen Sinn. Vermeide lügenhafte Handlungen [...], mache Gold nicht zu deiner Lebenshoffnung; das ist zum Götzendienste der erste Schritt. Vielmehr wandle in Demut vor deinem Schöpfer und gib, wo es sein Wille ist, dein Geld fort; er kann dir Ersatz gewähren. Gib leichter Geld als Worte von dir; das böse Wort lege auf die Waage des Verstandes, bevor du es aussprichst. [...] Bleibe jedem dankbar, der dir zu deinem Brote verholfen hat; sei aufrichtig und wahr gegen jedermann, gegen Juden wie gegen Nichtjuden; grüße jeden zuerst, ohne Unterschied des Glaubens; erzürne keinen Andersgläubigen.

Aus: Höxter, Julius: Quellenbuch zur jüdischen Geschichte und Literatur, Reprint Zürich 1983, III. Teil, S. 94–95

M2 Eine andere Verhaltensregel

Auch die folgende Zusammenstellung von Rabbinern ist überliefert, die etwa am Beginn des 13. Jahrhunderts entstand:

Eine von einem Andersgläubigen verfasste religiöse Hymne, auch wenn sie von größter Vollendung zu sein scheint, darf weder ins Hebräische übertragen noch zu andächtigen Zwecken gebraucht werden. Es ist nicht zulässig, ein weinendes Kind durch die Lieder der Andersgläubigen zu beschwichtigen.

Es ist deine Pflicht, dem Andersgläubigen gegenüber ebenso ehrlich zu handeln wie gegenüber deinem Bruder, dem Juden; ist einem Andersgläubigen (in einem Handelsgeschäft) ein Rechenfehler unterlaufen, so mach ihn darauf aufmerksam, bevor er ihn selbst bemerkt hat; sonst wird durch dich der Name Gottes entweiht werden, denn es wird heißen: alle Juden sind Betrüger.

Man darf Andersgläubige nicht übervorteilen, denn es erniedrigt den Menschen und bringt ihm auch kein Glück ein.

Der Vater ist verpflichtet, auch seine Töchter in der Religion zu unterweisen, damit sie wissen, was geboten und was verboten ist.

„Buch der Frommen" („Sefer Chassidim") (Kompilation aus drei religiösen Belehrungen von Rabbinern des Mittelalters, etwa Beginn 13. Jahrhundert). Aus: Dubnow, Simon: Die Geschichte des jüdischen Volkes in Europa. Von den Anfängen der abendländischen Diaspora bis zum Ende der Kreuzzüge. Berlin 1926, S. 335–338

M3 Der „Judenhof"

In den nach ihren jüdischen Anfangsbuchstaben benannten „Schum-Städten" Speyer, Worms und Mainz, die 2021 UNESCO-Weltkulturerbe geworden sind, gab es ein reiches jüdisches Leben. Auf dem Bild ist der „Judenhof" in Speyer zu sehen, der Synagoge, Frauensynagoge und rituelles Badehaus umfasste:

Foto: Manuae, CC BY-SA 4.0

1. Fasse zusammen, wie sich die jüdischen Gelehrten das Zusammenleben von Juden und Christen vorstellten.
2. Nenne mögliche Gründe für die geäußerten Ansichten.
3. Beschreibe die Anlage des Speyerer Judenhofs. Recherchiere dazu auch im Internet.
4. Beurteile, inwieweit die Regeln und das Leben in einem eigenen Bezirk wie dem „Judenhof" ein friedliches Zusammenleben von Juden und Christen befördern konnten.
5. Bewerte, inwieweit du Minderheiten heute Abgrenzung oder Integration empfehlen würdest.

copy

© Wochenschau Verlag

M1 Die Situation in Litauen um 1400

Litauen, gelegen an der südöstlichen Ostsee, erlangte 1401 nach vielen Kämpfen und Auseinandersetzungen unter dem ab 1392 regierenden Großherzog Vytautas seine weitgehende Unabhängigkeit von Polen. Dieser wurde so zum Herrscher eines Landes, das weit größere Gebiete als der heutige Staat Litauen umfasste. Um seine Macht zu sichern und gleichzeitig den Handel zu entwickeln, siedelte Vytautas verschiedene Menschen in seinem Land und dessen Städten an. Er bevorzugte dabei Juden gegenüber anderen Minderheiten aus Deutschland oder Polen, weil er sie, wie die Historikerin Masha Greenbaum in ihrem Werk „The Jews of Lithuania" betont, für politisch besonders vertrauenswürdig hielt. Er sicherte den Juden schon vor 1401 schriftlich verschiedene Rechte zu, wie M2 zeigt.

Gleichzeitig waren „die Juden" in Litauen keine homogene Gruppe: Zu den schon bisher in diesem Raum wohnenden Menschen mit ihren Rabbinern kamen beispielsweise die „Karaiten" hinzu, die in Litauen Schutz suchten und eine besondere Form der Religiosität pflegten, da sie sich nur und ausschließlich auf ihre heiligen Schriften bezogen. Beide Gruppen lebten allerdings friedlich zusammen und teilten sich auch verschiedene religiöse Einrichtungen.

Verfassertext: Stello

M2 Großherzog Vytautas gewährt im Jahr 1389 den Juden der Stadt Grodna einige Privilegien

Ähnliche Urkunden sind auch aus anderen Städten überliefert und wurden von Vytautas bestätigt und teilweise sogar noch ausgebaut.

Wir, Alexander oder Witold [Vytautas], durch die Gnade Gottes Kronprinz von Litauen und Erbe von Grodna [...], bestätigen für alle heute lebenden und Menschen späterer Generationen, die Kenntnis von diesem Dokument erlangen werden, die folgenden Rechte und Freiheiten für die Juden Grodnas: [...]

Sie dürfen in dem Bereich Grodnas leben, der so bezeichnet ist: Von der Brücke des Schlosses bis zum Markt auf beiden Straßenseiten, außerdem von der Schloßstraße bis Podol. [... Die Häuser der Juden] werden niemals besteuert werden. Desgleichen werden auch keine Sonderzahlungen für die Krone von ihnen erhoben werden.

Die Juden dürfen in ihren Häusern alles tun, was ihnen gefällt. Sie dürfen alle Getränke, selbstgemacht oder importiert, konsumieren und verkaufen, solange einmal im Jahr die entsprechende Steuer gezahlt wird. Sie dürfen auf dem Markt, an Ständen und auf der Straße kaufen und verkaufen, genau wie alle anderen Bürger, und sie dürfen jedes Handwerk ausüben.

Jüdische Schlachter dürfen ihre Ware an alle Menschen in jeglicher Form und frei von Abgaben oder Steuern verkaufen.

Wir gestatten den Juden, Land zum Ackerbau und als Heuwiese zu besitzen, und zwar solches, das ihnen bereits gehört, und solches, das sie in der Zukunft erwerben werden, genauso wie alle anderen Bürger, zur freien Verwendung, solange die entsprechenden Steuern bezahlt werden.

Alle Rechte und Freiheiten, welche wir den Juden von Brest 1388 zugesichert haben, sollen auch für die Juden Grodnas gelten.

Alle diese genannten Rechte und Freiheiten werden hierbei unbegrenzt und für alle kommenden Jahrhunderte bestätigt. [...]

Aus: Katz, Dovid: Lithuanian Jewish Culture. Baltos Lankos Publishers, Vilnius 2010, S. 21–22. Übersetzung: Stello

1. Fasse zusammen, welche Rechte und Freiheiten Vytautas in M2 der jüdischen Bevölkerung Grodnas zuspricht. Achte dabei insbesondere auf deren Umfang und zeitliche Gültigkeit.
2. Vergleiche diese mit den Rechten und Freiheiten der Juden in Mitteleuropa.
3. Begründe mit Hilfe des Verfassertexts, warum Vytautas so handelte.
4. Beurteile, inwieweit du als ein damaliger Berater Vytautas' Verhalten für klug eingestuft hättest.
5. Bewerte, inwieweit das Leben in Osteuropa für Juden besser als in Mitteleuropa gewesen ist.

copy

© Wochenschau Verlag

M1 Eine Schrift zum Verhältnis von Christen und Juden

Martin Luther sorgte mit seinen Vorstellungen und Schriften für eine Erneuerung (und Spaltung) der christlichen Kirche. 1543, also gegen Ende seines Lebens, verfasste er einen Text darüber, wie er sich das Verhältnis von Christen und Juden vorstellte. Seine frühere Vorstellung, Juden zum Christentum bekehren zu können, hat er nun weitgehend aufgegeben und schreibt stattdessen in einem recht aggressiven Ton unter anderem Folgendes:

Was wollen wir Christen nun mit diesem verworfenen, verdammten Volk der Juden tun? Zu ertragen ist es von uns nicht, nachdem sie bei uns sind und wir solche Lügen, ein solches Lästern und Fluchen von ihnen wissen, damit wir uns nicht aller ihrer Lügen, Flüche und Lästerungen teilhaftig machen. So können wir das unauslöschliche Feuer des göttlichen Zorns (wie die Propheten sagen) nicht löschen noch die Juden bekehren. [...] Ich will meinen treuen Rat geben.

Erstens, dass man ihre Synagoge oder Schule mit Feuer anstecke und, was nicht verbrennen will, mit Erde überhäufe und zuschütte, damit kein Mensch mehr davon in Ewigkeit einen Stein oder Schlacke sehen kann. [...] Zweitens, dass man auch ihre Häuser zerbreche und zerstöre. Denn in ihnen treiben sie eben dasselbe, was sie in ihren Schulen treiben. [...] Drittens, dass man ihnen alle ihre Betbüchlein und Talmudisten wegnehme, in denen diese Abgötterei, die Lügen, der Fluch und die Lästerung gelehrt werden. Viertens, dass man ihren Rabbinen [unter Androhung der Strafe des Verlusts] von Leib und Leben verbiete, weiterhin zu lehren. [...] Fünftens, dass man den Juden das [freie] Geleit und [das Recht zur Benutzung der] Straße ganz und gar aufhebe. Denn sie haben auf dem Lande nichts zu schaffen, weil sie weder Herren noch Amtsleute noch Händler oder dergleichen sind. [...] Sechstens, dass man ihnen den Wucher verbiete und ihnen alle Barschaft und Kleinodien an Silber und Gold wegnehme [...] Siebtens, dass man den jungen, starken Juden und Jüdinnen Dreschflegel, Axt, Hacke, Spaten, Spinnrocken, Spindel in die Hand gebe und lasse sie im Schweiße ihres Angesichts ihr Brot verdienen. [...] Man müsste ihnen vielmehr das faule Schelmenbein aus dem Rücken vertreiben.

Luther, Martin: Von den Juden und ihren Lügen. Neu bearbeitet und kommentiert von Matthias Morgenstern. Wiesbaden 2016, S. 194–202

M2 Der „Kölner Domstreit"

Am Ende des 15. und am Beginn des 16. Jahrhunderts kam es besonders am Rhein zu großen Konflikten zwischen Juden und Christen. 1511 wollten Kölner Dominikaner um Johannes Pfefferkorn fast alle jüdischen Schriften verbrennen, derer sie habhaft werden konnten, darunter beispielsweise den für die Juden besonders heiligen Talmud. In diesem Konflikt wurde der Jurist Johannes Reuchlin 1511 vom Kaiser um ein Rechtsgutachten zu dieser Frage gebeten. Sein Ergebnis fasst der Kirchenhistoriker Volker Leppin so zusammen:

Verbrennt nicht, was ihr nicht kennt! Die Bücher der Juden enthalten die Lehre ihres Glaubens. Damit beleidigen sie keinen anderen Menschen. In ihrem Glauben sind sie, genau wie die Christen, allein Gott verantwortlich.

Aus: Serup-Bilfeldt, Kirsten: Judenbücherstreit, Deutschlandfunk, 18.1.2017:
https://www.deutschlandfunk.de/judenbuecherstreit-verbrennt-nicht-was-ihr-nicht-kennt-100.html

1. Erläutere, wie Luther sich das Zusammenleben von Christen und Juden vorstellt und ob das Verhalten der Kölner Dominikaner hierzu passt.
2. Fasse die Argumente Reuchlins zusammen.
3. Verfasse eine mögliche begründete Stellungnahme zu Luthers Thesen aus damaliger jüdischer Sicht.
4. Bewerte, inwieweit jüdische Integrationsbemühungen im Zeitalter der Glaubensspaltung richtig und möglich gewesen sein konnten.

copy

© Wochenschau Verlag

M1 Kindheitserinnerungen einer Jüdin

Die jüdische Kaufmannstochter Glückel von Hameln, geboren 1645 oder 1646 in Hamburg, schrieb ab 1691 ihre Erinnerungen als Autobiographie auf. Sie erinnert sich an ihre Kindheit:

Als ich noch keine drei Jahre alt war, wurden alle Juden von Hamburg ausgetrieben und mussten nach Altona ziehen, das dem König von Dänemark gehört, von dem die Juden gute Schutzbriefe haben. Dieses Altona ist kaum eine Viertelstunde von Hamburg entfernt. In Altona waren damals schon ungefähr 25 jüdische Haushaltungen; dort hatten wir auch unsre Synagoge und unsern Friedhof. So haben wir eine Zeitlang in Altona gewohnt und endlich in Hamburg durch große Bemühung erreicht, dass man den Juden in Altona Pässe gegeben hat, so dass sie in die Stadt (Hamburg) gehen und dort Geschäfte treiben durften. Ein jeder Pass hat für vier Wochen gegolten; man hat ihn von dem regierenden Oberhaupt des Rates (= regierenden Bürgermeister) in Hamburg bekommen; er hat einen Dukaten gekostet, und wenn der Pass abgelaufen war, hat man wieder einen neuen nehmen müssen. Aber aus den vier Wochen sind oft acht Wochen geworden, wenn Leute Bekanntschaft mit dem Bürgermeister oder mit Beamten hatten. Die Leute hatten es leider Gottes sehr schwer, denn sie haben ihr ganzes Geschäft in der Stadt suchen müssen und so haben manche arme und bedürftige Leute oft gewagt sich ohne Pass in die Stadt hineinzuschleichen. Wenn sie dann von Beamten ertappt wurden, hat man sie ins Gefängnis gesteckt; das hat alles viel Geld gekostet und man hat Not gehabt sie wieder frei zu bekommen. Des Morgens in aller Frühe, sobald sie aus dem Bethaus gekommen sind, sind sie in die Stadt gegangen und gegen Abend, wenn man das Tor hat zumachen wollen, sind sie wieder nach Altona zurückgekehrt. Wenn die armen Menschen herausgegangen sind, sind sie oft ihres Lebens nicht sicher gewesen wegen des Judenhasses, der bei Bootsleuten, Soldaten und anderm geringen Volk herrschte, so dass eine jede Frau Gott gedankt hat, wenn sie ihren Mann wieder glücklich bei sich hatte.

Aus: Feilchenfeld, Alfred (Hg.): Denkwürdigkeiten der Glückel von Hameln. Berlin 1913, S. 14–16

M2 Ein Edikt für Juden

Fast zur gleichen Zeit erließ 1671 der Kurfürst Friedrich Wilhelm ein Edikt. Mit ihm wurden Juden in Brandenburg geschützt und aufgenommen, wenn sie bestimmte Bedingungen erfüllen:

[...] dass ihnen Macht gegeben sein soll, in denen Orten und Städten, wo es ihnen am gelegensten ist, sich niederzulassen, allda Stuben oder ganze Häuser, Wohnungen und Commodität vor sich zu mieten, zu erkaufen oder zu erbauen, doch in der Masse, dass, was sie kaufweise an sich bringen, wiederkäuflich geschehe und was sie erbauen, auch nach Verfließung gewisser Jahre an den Christen wieder verlassen werden müsse, jedoch, dass ihnen die Unkosten davor restituiret werden.

2. Soll diesen jüdischen Familien vergönnt sein, ihren Handel und Wandel im ganzen Lande dieser Unser Kur- und Mark Brandenburg [...] zu treiben, wobei wir ihnen noch ausdrücklich nachgeben, offene Krame und Buden zu haben, Tücher und dergleichen Waren in Stücken zu verkaufen oder auch ellenweise auszumessen, [...] ferner in ihren Häusern zu schlachten, und was sie zu ihrer Notdurft und ihrem Gesetze nach von dem geschlachteten nicht bedürftig, solches zu verkaufen, [...] und auf Jahr- und Wochenmärken ihre Waren feil zu haben. [...]

4. Die Zölle [...] sollen sie gleich andern Unsern Untertanen ohne einige Vervorteilung entrichten, von dem Leibzolle aber, welchen sonst alle durchreisende Juden geben müssen, weil sie allhie im Lande gesessen, auch in diesen Unsern Zöllen befreit sein. [...]

6. Soll ihnen zwar nicht verstattet sein, eine Synagoge zu halten, doch aber mögen sie in ihren Häusern einem zusammenkommen, allda ihr Gebet und Ceremonien, doch ohne gebendes Aergernis an die Christen, verrichten, bevorab sich alles Lästern und Blasphemirens bei harter Strafe enthalten. [...]

7. Im Übrigen sollen sie sich allenthalben ehrbar, fried- und gleitlich verhalten und erzeigen. [...]

Aus: Stern, Selma: Der preußische Staat und die Juden. Erster Teil, Zweite Abteilung: Tübingen 1962, S. 13–16

1. Übertrage M2 in modernes Deutsch.
2. Stelle aus den beiden Quellen Chancen und Probleme zusammen, die sich für das jüdische Leben in Hamburg, Altona und Brandenburg ergaben.
3. Erkläre, warum Altona und der Kurfürst von Brandenburg den Juden die in den Quellen genannten Rechte einräumten, Hamburg dagegen nicht.
4. Nimm Stellung, inwieweit die Regierenden ihre Handlungen und Bestimmungen vor dem Hintergrund eines Interesses und/oder einer Toleranz gegenüber Juden durchgeführt und erlassen haben.

copy

© Wochenschau Verlag

M1 Die Hamburger „Judenordnung"

Die Zeit zwischen dem Dreißigjährigen Krieg und der Französischen Revolution wird von dem Historiker Arno Herzig (geb. 1937) als „Ausgeglichenes Nebeneinander" von Juden und Christen in Europa bezeichnet. Zahlreiche Städte hatten Gesetze, wie man miteinander leben wollte und sollte. Ein Beispiel hierfür ist die sogenannte „Judenordnung", die 1710 in Hamburg erlassen wurde und aus der hier Auszüge gedruckt werden:

Art. 1.
Sollen Sie ein stilles frommes Leben führen / und selbigem zufolge an der an der Christen Sonn- und Feyer-Tagen sich stille und eingezogen halten; Denen Christen auch mit Handel und Wandel / Hand-Arbeit / oder sonsten[1] an selbigen Tagen kein Aergerniß geben. [...]

Art 5.
Zu Exercirung[2] Ihrer Religion und Haltung ihrer Zusammenkünffte / sollen Sie keine publique[3] Gebäude haben / folglich Ihren Gottes-Dienst in privat-Häusern halten [...]

Art. 8.
Würden Sie gestohlene / geraubte und andere verdächtige Gühter wissentlich an sich kauffen / oder Geld darauff vorschiessen / sollen Sie / wann Sie dessen Rechtmäßig überführet / befundenen Umständen nach / nicht nur das gestohlene ohne Entgeldt heraus geben / und dessen / was Sie vorgeschossen / verlustig seyn / sondern auch andern zum Abscheu und Exempel, denen Gesetzen nach / gestraffet werden.

Art. 9.
So sollen Sie auch alles in den Rechten verbohten-übermäßigen Wuchers[4] bey Verlust des Capitals und Zinsen sich enthalten.

Art. 10.
Weil man auch öffters verspühret / daß der Wucher damit verdecket werde / daß Sie in denen Obligationen das Capital samt den Zinsen in einer Summe sich verschreiben lassen: So sollen Sie hinkünfftig die Obligationes[5] also einrichten lassen / daß die Summa Capitalis allein / und die Zinsen in selbigen Obligationen besonders exprimiret werden[6]. [...]

Art. 11.
Wie dann auch ihnen ernstlich / und bey Verlust des Capitals und Zinsen verbohten wird / die Obligationes und Contracte auf Verfallung der Pfände einrichten zulassen[7]. [...]

Art. 13.
In ihren Kleidungen sollen Sie modest und ohne Pracht und Ubermuht sich aufführen. [...]

Art. 15.
Dahingegen wird Ihnen hiemit / und krafft dieses aller Obrigkeitlicher Schutz / und zulängliche Hülffe / in ihren Gerechtsahmen gegen jedermänniglichen versprochen.

Art. 16.
Wann Sie Ihre Behtstunden mit den Ihrigen halten / sollen Sie von niemand gehindert noch molestiret[8] werden / sondern vielmehr von denen p. t. Hrn. Gerichts-Verwaltern alle Obrigkeitliche Assistentz gegen die Contravenienten[9] als Gewalttäter zu gewarten haben.

Art. 17.
Aller Frevel und Muthwillen / so auf öffentlicher Strassen / und sonsten an ihnen verübet wird / sol befundenen Umständen nach bestraffet / auch auf begebenden Fall von denen in der nähe stehenden Wachten ihnen Schuld gehalten werden.

In Fidem
Chr. Wilh. Wider.

Staatsarchiv Hamburg, StAHH, 522-1 Jüdische Gemeinde, Nr. 93b
de.wikisource.org/wiki/Das_Neue_Reglement_der_Judenschafft_in_Hamburg

1 Öffentlich sichtbare Arbeiten; 2 Ausübung; 3 öffentlichen; 4 Verleih von Geld zu überhöhten Zinsen; 5 Schuldscheine; 6 Getrenntes Ausweisen von Kreditsumme und Zinsen (nicht zusammengerechnet); 7 Kredite, bei denen schon bei der Ausgabe klar ist, dass der Schuldner sie nicht bezahlen können wird, sind verboten.; 8 Belästigt, irritiert, bedrängt; 9 Gegner

1. Stelle zusammen, welche Lebensbereiche geregelt werden sollten.
2. Nimm Stellung, inwieweit Juden hier eingeschränkt oder in ihren Rechten bestärkt werden.
3. Beurteile, inwieweit die Judenordnung ein „ausgeglichenes Nebeneinander" von Christen und Juden ermöglichen konnte, und bewerte, inwieweit du die Ordnung für fortschrittlich hältst.

copy
© Wochenschau Verlag

M1 Wie soll ein Jude leben?

Moses Mendelssohn (1729–1786) war einer der prominentesten und berühmtesten jüdischen Gelehrten in der Zeit der Aufklärung. Er äußerte sich in verschiedene Richtungen: einmal im innerjüdischen Diskurs, etwa als Übersetzer zahlreicher Schriften, die so von vielen Menschen erstmalig gelesen werden konnten, und andererseits auch im Dialog vor allem mit der christlichen Religion. 1782 übersetzte er ein jüdisches Werk und versah es mit einem aktualisierenden Vorwort, aus dem hier Auszuge zu lesen sind:

Was aber auch über Toleranz bisher geschrieben und gestritten ward, ging bloß auf [...drei] begünstigte Religionsparteien, und höchstens auf einige Nebenzweige derselben. An Heiden, Juden, Mahometaner und Anhänger der natürlichen Religion ward entweder gar nicht oder höchstens nur in der Absicht gedacht, um die Gründe für die Toleranz problematischer zu machen. [...] Merkwürdig ist es, zu sehen, wie das Vorurteil die Gestalten aller Jahrhunderte annimmt, uns zu unterdrücken, und unserer bürgerlichen Aufnahme Schwierigkeiten entgegen zu setzen. In jenen abergläubischen Zeiten waren es Heiligtümer, die wir aus Mutwillen schänden; Kruzifixe, die wir durchstechen, und bluten machen; Kinder, die wir heimlich beschneiden, und zur Augenweide zerfetzen; Christenblut, das wir zur Osterfeier brauchen; Brunnen, die wir vergiften u.s.w. Unglaube, Verstocktheit, geheime Künste und Teufeleien, die uns vorgeworfen, um derentwillen wir gemartert, unseres Vermögens beraubt, ins Elend gejagt, wo nicht gar hingerichtet worden sind. – Itzt sich die Zeiten sich geändert; diese Verleumdungen machen den gewünschten Eindruck nicht mehr. Itzt ist es gerade Aberglaube und Dummheit, die uns vorgerückt werden; Mangel an moralischem Gefühle, Geschmack und feinen Sitten; Unfähigkeit zu Künsten, Wissenschaften und nützlichem Gewerbe, hauptsächlich zu Diensten des Krieges und des Staates; unüberwindliche Neigung zu Betrug, Wucher und Gesetzlosigkeit, die an die Stelle jener gröbern Beschuldigungen getreten sind, uns von der Anzahl nützlicher Bürger auszuschließen, und uns aus dem mütterlichen Schoße des Staates zu verstoßen. Vormals gab man sich um uns alle ersinnliche Mühe, und machte mancherlei Vorkehrungen, uns nicht zu nützlichen Bürgern, sondern zu Christen zu machen. [...] Itzt hat der Bekehrungseifer nachgelassen. Nun werden wir vollends vernachlässigt. Man fährt fort, uns von allen Künsten, Wissenschaften und anderen nützlichen Gewerben und Beschäftigungen des Menschen zu entfernen; versperret uns alle Wege zur nützlichen Verbesserung, und macht den Mangel an Kultur zum Grunde unserer fernern Unterdrückung. Man bindet uns die Hände, und macht uns zum Vorwurf, dass wir sie nicht gebrauchen. [...]

Indessen sind alle Gründe und Eidschwüre fruchtlos, wenn der Gegner nicht hören will; [...]

Ach! meine Brüder! ihr habt das drückende Joch der Intoleranz bisher allzuhart gefühlt. [...] Alle Völker der Erde schienen bisher von dem Wahne betört zu sein, dass sich Religion nur durch eiserne Macht erhalten; Lehren der Seligkeit nur durch unseliges Verfolgen ausbreiten, und wahre Begriffe von Gott, der nach unser aller Geständnis, die Liebe ist, nur durch die Wirkung des Hasses mitteilen lassen. [...] Danket dem Gotte, der die Liebe und die Barmherzigkeit selbst ist, dass jener Wahn sich nach und nach zu verlieren scheinet. Die Nationen dulden und ertragen sich einander, und lassen auch gegen euch Liebe und Verschonung blicken. [...] Wollet ihr gehegt, geduldet und von andern verschonet sein; so heget und duldet und verschonet euch unter einander! *Liebet, so werdet ihr geliebet werden!*

Mendelssohn, Moses: Vorrede zu Manasseh Ben Israel, Rettung der Juden. In: Mendelssohn, Moses: Jerusalem oder über religiöse Macht und Judentum. Hamburg 2005, S. 1–28

M2 Eine Wohnzimmer-Szene

Moritz Daniel Oppenheim: Lessing und Lavater zu Gast bei Moses Mendelssohn, 1856

copy

© Wochenschau Verlag

M3 Ein Brief zum Verhältnis von Christen und Juden

Auf dem Gemälde M2 von 1856 sind drei Personen zu sehen: Gotthold Ephraim Lessing besucht in Berlin gemeinsam mit Johann Caspar Lavater, einem Theologen, den jüdischen Philosophen Moses Mendelssohn. Dieser lebte seit 1742 in Berlin und wurde von Lavater 1769 in eine sehr unangenehme Position gebracht, als dieser ihm eine Schrift widmete, die ihn zur Aufgabe des jüdischen Glaubens und zum Christentum bringen sollte. Mendelssohn antwortete ihm so:

Verehrungswerther Menschenfreund!

Sie haben für gut befunden, des Herrn Bonnets Untersuchung der Beweise für das Christenthum, die Sie aus dem Französischen übersetzt, mir zuzueignen, und in der Zuschrift mich vor den Augen des Publikums auf die allerfeyerlichste Weise zu beschwören: „diese Schrift zu widerlegen, wofern ich die wesentlichen Argumentationen, womit die Thatsachen des Christenthums unterstützt sind, nicht richtig finde; Dafern ich aber dieselbe richtig finde, zu thun, was Klugheit, Warheitsliebe und Redlichkeit mich thun heissen, – was ein Sokrates gethan hätte, wenn er diese Schrift gelesen, und unwiderleglich gefunden hätte;“ d. i. die Religion meiner Väter zu verlassen, und mich zu derjenigen zu bekennen, die Hr. B. Vertheidiget. [...]

Nach den Grundsätzen meiner Religion soll ich niemand, der nicht nach unserm Gesetze gebohren ist, zu bekehren suchen. [...] Unsere Rabbinen sind so weit von aller Bekehrungssucht entfernt, daß sie uns sogar vorschreiben, einen jeden, der sich von selbst anbietet, durch ernsthafte Gegenvorstellungen von seinem Vorsatze abzuführen. Wir sollen ihm zu bedenken geben, daß er sich durch diesen Schritt, ohne Noth, einer sehr beschwehrlichen Last unterziehe, daß er in seinem jetzigen Zustande nur die Pflichten der Noachiden zu beobachten habe, um selig zu werden; so bald er aber die Religion der Israeliten annehme; so unterzöge er sich freywillig allen strengen Gesetzen dieses Glaubens, und alsdenn müsse er sie beobachten, oder der Strafen gewärtig seyn, die der Gesetzgeber mit derselben Uebertretung verbunden hat. Endlich sollen wir ihm auch das Elend, die Bedrängniß, und die Verachtung getreulich vorstellen, in welcher die Nation gegenwärtig lebet, um ihn von einem vielleicht übereilten Schritte abzuhalten, den er in Folge bedauern könnte.

Die Religion meiner Väter will also nicht ausgebreitet seyn. [...] So bald wir andere von unserer Meinung nicht überführen wollen; so ist das Streiten unnütz. Wenn unter meinen Zeitgenossen ein Confucius oder Solon lebte; so könnte ich, nach den Grundsätzen meiner Religion, den großen Mann lieben und bewundern, ohne auf den lächerlichen Gedanken zu kommen, einen Confucius oder Solon bekehren zu wollen. Bekehren? Wozu? Da er nicht zu der Gemeine Jacobs gehöret; so verbinden ihn meine Religionsgesetze nicht, und über die Lehren wollten wir uns bald einverstehen. Ob ich glaubte, daß er seelig werden könnte? – O! mich dünkt, wer in diesem Leben die Menschen zur Tugend anführet, kann in jenem nicht verdammt werden [...]

Ich habe das Glück, so manchen vortreflichen Mann, der nicht meines Glaubens ist, zum Freunde zu haben. Wir lieben uns aufrichtig, ob wir gleich vermuthen, und voraussetzen, daß wir in Glaubenssachen ganz verschiedener Meinungen sind. [...]

Ich bin ein Mitglied eines unterdrückten Volks, das von dem Wohlwollen der herrschenden Nation Schutz und Schirm erflehen muß, und solchen nicht allenthalben, und nirgend ohne gewisse Einschränkungen erhält. Freyheiten, die jedem andern Menschenkinde nachgelassen werden, versagen sich meine Glaubensgenossen gerne, und sind zufrieden, wenn sie geduldet und geschützt werden. Sie müssen es der Nation, die sie unter erträglichen Bedingungen aufnimmt, für keine geringe Wohlthat anrechnen, da ihnen in manchen Staaten so gar der Aufenthalt versagt wird. Ist es doch nach den Gesetzen Ihrer Vaterstadt, Ihrem beschnittenen Freunde nicht einmal vergönnt, Sie in Zürich zu besuchen? Welche Erkentlichkeit sind meine Glaubensbrüder also nicht der herrschenden Nation schuldig, die sie in der allgemeinen Menschenliebe mit einschließt, und sie ungehindert den Allmächtigen nach ihrer Väter Weise anbeten läßt! Sie genießen in dem Staate, in welchem ich lebe, hierin die anständigste Freyheit, und ihre Mitglieder sollten sich nicht scheuen, die Religion des herrschenden Theils zu bestreiten, das heißt, ihre Beschützer von der Seite anzufallen, die tugendhaften Menschen die empfindlichste seyn muß? [...]

Aus: Moses Mendelssohn, Gesammelte Schriften, Jubiläumsausgabe, Bd. 7. Hg. von I. Elbogen, J. Guttmann, E. Mittwoch. Berlin 1930, S. 7–17

1. Fasse Mendelssohns Aussagen aus beiden Quellen zusammen.
2. Beschreibe Mendelssohns Sicht seiner Stellung als Jude und der Stellung der Juden insgesamt in Europa. Beziehe auch das Gemälde M2 mit ein.
3. Nimm auf Grundlage deiner Ergebnisse aus Aufgabe 2 Stellung, inwiefern Lavaters Widmung Mendelssohn in eine schwierige Situation gebracht hat.
4. Bewerte, inwiefern du Mendelssohns Antwort und seinen Versuch, einen Ausweg aus der Situation zu finden, für angemessen hältst.

copy

© Wochenschau Verlag

M1 Aufstellung der jüdischen Bevölkerung

Zum Jahr 1848 war die Anzahl der Juden in den deutschsprachigen Gebieten stark angewachsen, machte aber, verglichen mit der Zahl der Bevölkerung insgesamt, weiterhin nur etwa 1,13 Prozent der Gesamtbevölkerung aus (etwa 400.000 von etwa 35.400.000).

Verhältnis der Anzahl der Juden zu der Anzahl der Christen in den deutschen Staaten [...]
Ein *Jude* kommt in/auf:

Österreich	70 Christen	**Sachsen-Weimar**	177
Preußen	77	**Sachsen-Meiningen**	101
Bayern	69	**Sachsen-Altenburg**	keine Juden
Sachsen	2073	**Sachsen-Coburg-Gotha**	119
Hannover	157	**Braunschweig**	171
Württemberg	147	**Mecklenburg-Schwerin**	159
Baden	58	**Mecklenburg-Strelitz**	141
Kurhessen	81	**Oldenburg**	271
Hessen-Darmstadt	30	**Nassau**	63

Nach: Sterling, Eleonore: Judenhaß. Die Anfänge des politischen Antisemitismus in Deutschland (1815–1850). Frankfurt/M. 1969, S. 29 und 180–181

M2 Eine Rede in der Nationalversammlung

1848/49 gab es in Europa und auch im deutschsprachigen Raum zahlreiche Revolutionen und Aufstände. In Frankfurt wurde eine Nationalversammlung ins Leben gerufen, auf der beispielsweise eine neue Verfassung eines entstehenden „Deutschlands" diskutiert wurde. Die Rolle der jüdischen Bevölkerung war ein Streitpunkt, zu dem Gabriel Riesser, der selbst Jude war, am 29. August 1848 folgende Rede hielt:

Im Namen dieser unterdrückten Volksklasse [der Juden] gegen gehässige Schmähungen vor Ihnen das Wort zu ergreifen, dieses Recht nehme ich in Anspruch. Der geehrte Vorredner hat seinen Antrag in einer Unwahrheit gefasst. Er will nämlich den israelitischen Volksstamm durch Ausnahmegesetze von dem für alle gleichen Rechte ausgeschlossen haben. Sie haben nun durch einen feierlichen Beschluss den nicht Deutsch redenden Volksstämmen, die in Deutschland leben, Gleichheit vor dem Gesetz, Gleichheit der Rechte, Gleichheit alles dessen, was den Deutschen Deutschland teuer macht, zugesichert. Sollen wir Juden es für unser Unglück erachten, dass wir Deutsch reden? Sollen wir darum schlechter behandelt, soll uns die Freiheit vorenthalten werden dürfen, weil wir nicht in die Kategorie nicht Deutsch redender Volksstämme gehören? Soll die Geschichte von Ihnen sagen, dass sie mächtige Volksstämme, die zerstörend in die Geschicke Deutschlands eingreifen könnten, die gewaffnet und gerüstet vor Ihnen stehen, durch Verleihung gleicher Rechte haben versöhnen wollen, dass Sie für die drohende Gewalt nur milde Worte hatten, einer schwachen Religionspartei dagegen, die in bürgerlicher Hinsicht nichts will, als in Deutschland aufgehen, [...] mit Misshandlungen entgegentreten und zu ihrem Nachteil Ausnahmegesetze bestehen lassen, während Sie andererseits alle Ausnahmegesetze vernichten und dem gleichen Recht, dem gleichen Gesetz anheimstellen, alle Schäden der Gesellschaft zu heilen? [...] Die Juden werden immer begeistertere und patriotischere Anhänger Deutschlands unter einem gerechten Gesetze werden. Sie werden mit und unter den Deutschen Deutsche werden. Vertrauen Sie der Macht des Rechts, der Macht des einheitlichen Gesetzes und dem großen Schicksale Deutschlands. Glauben Sie nicht, dass sich Ausnahmegesetze machen lassen, ohne dass das ganze System der Freiheit einen verderblichen Riss erhalte, ohne dass der Keim des Verderbens in dasselbe gelegt würde. Es ist Ihnen vorgeschlagen, einen Teil des deutschen Volkes der Intoleranz, dem Hasse als Opfer hinzuwerfen; das werden Sie aber nimmermehr tun, meine Herren!

Aus: Höxter, Julius: Quellenbuch zur jüdischen Geschichte und Literatur. V. Teil, S. 31–34. Reprint Zürich 1983

copy

© Wochenschau Verlag

M3 Eine andere zeitgenössische Auffassung

1850, also fast zeitgleich zur Rede Riessers, schrieb der Komponist Richard Wagner (1813–1883) über jüdische Künstler, insbesondere Musiker, das Folgende:

[...] Noch jetzt belügen wir uns in dieser Beziehung nur absichtlich, wenn wir es für verpönt und unsittlich halten zu müssen glauben, unseren natürlichen Widerwillen gegen jüdisches Wesen öffentlich kundzugeben. [...] Der Jude ist nach dem gegenwärtigen Stand der Dinge dieser Welt wirklich bereits mehr als emanzipiert: er herrscht und wird so lange herrschen, als das Geld die Macht bleibt, vor welcher all unser Tun und Treiben seine Kraft verliert. [...] Der Jude, der bekanntlich einen Gott ganz für sich hat, fällt uns im gemeinen Leben zunächst durch seine äußere Erscheinung auf, die, gleichviel welcher europäischen Nationalität wir angehören, etwas dieser Nationalität Fremdartiges hat: wir wünschen unwillkürlich mit einem so aussehenden Menschen nichts gemein zu haben. Dies mußte bisher als ein Unglück für den Juden gelten; in neuerer Zeit erkennen wir aber, dass er bei diesem Unglücke sich ganz wohl fühlt; nach seinen Erfolgen darf ihn seine Unterschiedenheit von uns als eine Auszeichnung dünken. Der moralischen Seite in der Wirkung dieses an sich unangenehmen Naturspieles vorübergehend, wollen wir hier nur auf die Kunst bezüglich erwähnen, dass dieses Äußere uns nie als ein Gegenstand der darstellenden Kunst denkbar sein kann: wenn die bildende Kunst Juden darstellen will, nimmt sie ihre Modelle meist aus der Phantasie, mit weislicher Veredelung oder gänzlicher Hinweglassung alles dessen, was uns im gemeinen Leben die jüdische Erscheinung eben charakterisiert. Nie verirrt sich der Jude aber auf die theatralische Bühne: die Ausnahmen hiervor sind der Zahl und der Besonderheit nach von der Art, dass sie die allgemeine Annahme nur bestätigen. Wir können uns auf der Bühne keinen antiken oder modernen Charakter, sei es ein Held oder ein Liebender, von einem Juden dargestellt denken, ohne unwillkürlich das bis zur Lächerlichkeit Ungeeignete einer solchen Vorstellung zu empfinden. Dies ist sehr wichtig: einen Menschen, dessen Erscheinung wir zu künstlerischer Kundgebung, nicht in dieser oder jener Persönlichkeit, sondern allgemeinhin seiner Gattung nach, für unfähig halten müssen, dürfen wir zur künstlerischen Äußerung seines Wesens überhaupt ebenfalls nicht für befähigt halten. [...]

Der Jude spricht die Sprache der Nation, unter welcher er von Geschlecht zu Geschlecht lebt, aber er spricht sie immer als Ausländer. [...] Als durchaus fremdartig und unangenehm fällt unserem Ohre zunächst ein zischender, schrillender, sumsender und murksender Lautausdruck der jüdischen Sprechweise auf: eine unserer nationalen Sprache gänzlich uneigentümliche Verwendung und willkürliche Verdrehung der Worte und der Phrasenkonstruktionen gibt diesem Lautausdrucke vollends noch den Charakter eines unerträglich verwirrten Geplappers, bei dessen Anhörung unsere Aufmerksamkeit unwillkürlich mehr bei diesem widerlichen Wie als bei dem darin enthaltenen Was der jüdischen Rede verweilt. [...]

Die sinnliche Anschauungsgabe der Juden ist nie vermögend gewesen, bildende Künstler aus ihnen hervorgehen zu lassen: ihr Auge hat sich von je mit viel praktischeren Dingen befasst, als da Schönheit und geistiger Gehalt der förmlichen Erscheinungswelt sind. Von einem jüdischen Architekten oder Bildhauer kennen wir in unseren Zeiten, meines Wissens, nichts: ob neuere Maler jüdischer Abkunft in ihrer Kunst wirklich geschaffen haben, muss ich Kennern von Fach zur Beurteilung überlassen; sehr vermutlich dürften aber diese Künstler zur bildenden Kunst keine andere Stellung einnehmen, als diejenigen der modernen jüdischen Komponisten zur Musik [...]

Bedenkt, dass nur eines eure Erlösung von dem auf euch lastenden Fluche sein kann: die Erlösung Ahasvers, – der *Untergang*!

Wagner, Richard: Das Judentum in der Musik (1850). Aus: Wessling, Berndt W.: Bayreuth im Dritten Reich. Richard Wagners politische Erben. Weinheim/Basel 1983, S. 15–35

1. Fasse die Aussagen Riessers und Wagners zusammen.
2. Vergleiche beide Argumentationen miteinander. Achte insbesondere darauf, an welchen Stellen beide Autoren von Vorurteilen und von Tatsachen sprechen und welche Argumente für eine Integration oder Ausgrenzung beiden Autoren besonders schlagkräftig erscheinen.
3. Leite aus einer Auswertung der Tabelle ab, wie wahrscheinlich es 1848 gewesen ist, Juden näher zu kennen.
4. Stelle dir vor, du hättest damals eine Diskussion zwischen Riesser und Wagner moderieren sollen. Welche Möglichkeiten würdest du gehabt haben, damit das hätte gelingen können?
5. Bewerte, mit welchen Mitteln und Argumenten du ausgrenzenden Menschen wie Wagner heute entgegentreten könntest.

copy

© Wochenschau Verlag

M1 Herzls Weg zum „Judenstaat"

Der Journalist und Schriftsteller Theodor Herzl (1860–1904) gilt als Wegbereiter des politischen Zionismus.

Theodor Herzl wurde 1860 in Budapest geboren. Seine Familie lebte nicht mehr traditionell, sondern „religiös aufgeklärt" [und] pflegte eine weltburgerlich deutsche Kultur. [...]

1878 starb Herzls ein Jahr ältere Schwester Pauline [...]. Die Eltern entschlossen sich [...], nach Wien überzusiedeln, wo Herzl, trotz der Absicht Schriftsteller zu werden, zunächst ein Jurastudium aufnahm. 1881 schloss er sich der schlagenden Studentenbewegung Albia an, verließ sie jedoch zwei Jahre später aus Protest gegen deren antisemitische Ausrichtung.

Herzl schloss sein Studium 1884 mit einer Promotion ab, musste jedoch bald feststellen, dass die Berufsaussichten für Juden in seinem Fach wenig Spielraum ließen. Er verlegte sich daher ganz aufs Schreiben und verfasste eine Serie von Feuilletons, die ihm schließlich die Tür zu einer der bedeutendsten europäischen Tageszeitungen, der „Neuen Freien Presse", öffneten.

[...] 1891 bekam er den begehrten Posten des Pariser Korrespondenten der „Neuen Freie Presse". In Paris geriet er, wenn auch zunächst nur als Beobachter, zum erstenmal in die Politik. Seine Erfahrungen bei der Berichterstattung über die Dreyfus-Affäre waren einer der entscheidenden Momente, die aus dem assimilierten Wiener Juden einen Zionisten machten. Die öffentliche und erniedrigende Degradierung des – unschuldigen – jüdischen Offiziers Dreyfus ließ die Pariser „Tod den Juden!" durch die Straßen schreien. Die „Judenfrage" hatte Herzl jedoch bereits lange Zeit beschäftigt, mindestens seit seiner Lektüre von Eugen Dührings „Die Judenfrage als Rassen-, Sitten- und Kulturfrage" 1882. Er war nicht nur selbst mit Antisemitismus konfrontiert worden, sondern musste auch beobachten, wie die liberale Ordnung in Österreich durch die zunehmenden Wahlerfolge des Antisemiten Luegers ins Wanken geriet. 1893 war Herzl zu dem Schluss gelangt, dass man die Judenfrage nicht alleine mit Vernunft lösen könne, wie es etwa der „Verein zur Abwehr des Antisemitismus" versuchte, denn die Zeit habe bereits gezeigt, dass man dem Judenhass mit rationalen Argumenten nicht begegnen könne. In dieser frühen Phase erwog Herzl zunächst eine Massenkonversion aller Juden vor der Stephanskirche in Wien, verwarf dies jedoch schnell, da ihm klar war, dass dies dem Antisemitismus keinen Einhalt gebieten würde. Auch Herzls Drama „Das neue Ghetto", das er 1894 fertig stellte, spiegelt seine Erkenntnis wider, dass Assimilation und Konversion die Judenfrage nicht beheben können. Im Mai 1895 schrieb Herzl zunächst an den jüdischen Philanthropen Baron Maurice de Hirsch und stellte ihm bei einem persönlichen Treffen seine Idee vor. Der Baron war von Herzls Plänen jedoch nicht beeindruckt. Herzl arbeitete seine Skizze für dieses Treffen und einen Brief, den er dem Baron im Anschluss gesandt hatte, schließlich weiter aus und vollendete im Juni 1895 seine programmatische Schrift „Der Judenstaat". [...] Nach einer weiteren Überarbeitung erschien schließlich in Wien am 14. Februar 1896 „Der Judenstaat. Versuch einer modernen Lösung der Judenfrage". Noch im selben Jahr erschienen Übersetzungen in Englisch, Französisch, Russisch und Hebräisch. Das Buch wurde insgesamt in 18 Sprachen übersetzt und erschien in mehr als 80 Ausgaben.

Aus: Theodor Herzl. 1860-1904, Bundeszentrale für politische Bildung, 28.3.2008, https://www.bpb.de/internationales/asien/israel/44953/theodor-herzl

M2 Burschenschaft Albia

Theodor Herzl (rechts) als Mitglied der Wiener Burschenschaft Albia:

Anonymes Foto, Juni 1881

copy

© Wochenschau Verlag

M3 Aus dem „Judenstaat"

Im „Judenstaat" (1896) hielt Herzl fest:

Die Judenfrage besteht. Es wäre töricht sie zu leugnen. Sie ist ein verschlepptes Stück Mittelalter, mit dem die Kulturvölker auch heute beim besten Willen noch nicht fertig werden konnten. Den großmütigen Willen zeigten sie ja, als sie uns emanzipierten. Die Judenfrage besteht überall, wo Juden in merklicher Anzahl leben. Wo sie nicht ist, da wird sie durch hinwandernde Juden eingeschleppt. Wir ziehen natürlich dahin, wo man uns nicht verfolgt; durch unser Erscheinen entsteht dann die Verfolgung. [...]

Ich halte die Judenfrage weder für eine soziale, noch für eine religiöse, wenn sie sich auch noch so und anders färbt. Sie ist eine nationale Frage, und um sie zu lösen, müssen wir sie vor Allem zu einer politischen Weltfrage machen, die im Rate der Kulturvölker zu regeln sein wird. Wir sind ein Volk, Ein Volk.

Wir haben überall ehrlich versucht, in der uns umgebenden Volksgemeinschaft unterzugehen und nur den Glauben unserer Väter zu bewahren. Man lässt es nicht zu. Vergebens sind wir treue und an manchen Orten sogar überschwängliche Patrioten, vergebens bringen wir dieselben Opfer an Gut und Blut wie unsere Mitbürger, vergebens bemühen wir uns den Ruhm unserer Vaterländer in Künsten und Wissenschaften, ihren Reichtum durch Handel und Verkehr zu erhöhen. In unseren Vaterländern, in denen wir ja auch schon seit Jahrhunderten wohnen, werden wir als Fremdlinge ausgeschrien; [...] Die Notlage der Juden wird niemand leugnen. In allen Ländern, wo sie in merklicher Anzahl leben, werden sie mehr oder weniger verfolgt. Die Gleichberechtigung ist zu ihren Ungunsten fast überall tatsächlich aufgehoben, wenn sie im Gesetze auch existiert. Schon die mittelhohen Stellen im Heer, in öffentlichen und privaten Ämtern sind ihnen unzugänglich. Man versucht sie aus dem Geschäftsverkehr hinauszudrängen: „Kauft nicht bei Juden!"

Die Angriffe in Parlamenten, Versammlungen, Presse, auf Kirchenkanzeln, auf der Straße, auf Reisen – Ausschließung aus gewissen Hotels – und selbst an Unterhaltungsorten mehren sich von Tag zu Tag. Die Verfolgungen haben verschiedenen Charakter nach Ländern und Gesellschaftskreisen. In Russland werden Judendörfer „gebrandschatzt, in Rumänien erschlägt man ein paar Menschen, in Deutschland prügelt man sie gelegentlich durch, in Oesterreich terrorisiren die Antisemiten das ganze öffentliche Leben, in Algerien treten Wanderhetzprediger auf, in Paris knöpft sich die sogenannte bessere Gesellschaft zu, die Cercles schliessen sich gegen die Juden ab. Die Nuancen sind zahllos. [...].

Der ganze Plan ist in seiner Grundform unendlich einfach, und muss es ja auch sein, wenn er von allen Menschen verstanden werden soll. Man gebe uns die Souveränität eines für unsere gerechten Volksbedürfnisse genügenden Stückes der Erdoberfläche, alles andere werden wir selbst besorgen. Das Entstehen einer neuen Souveränität ist nichts Lächerliches oder Unmögliches. Wir haben es doch in unseren Tagen miterlebt, bei Völkern, die nicht wie wir Mittelstandsvölker, sondern ärmere, ungebildete und darum schwächere Völker sind. Uns die Souveränität zu verschaffen, sind die Regierungen der vom Antisemitismus heimgesuchten Länder lebhaft interessiert. Es werden für die im Prinzip einfache, in der Durchführung komplizierte Aufgabe zwei große Organe geschaffen: die Society of Jews und die Jewish Company. [...] Ist Palästina oder Argentinien vorzuziehen? Die Society wird nehmen, was man ihr gibt und wofür sich die öffentliche Meinung des Judenvolkes erklärt. Die Society wird beides feststellen.

Herzl, Theodor: Der Judenstaat. Versuch Einer modernen Lösung der Judenfrage, Leipzig und Wien 1896, S. 9 ff., 22, 32, 36

1. Fasse die wesentlichen Lebensstationen Herzls bis zur Veröffentlichung des „Judenstaates" zusammen (M1).
2. Arbeite aus M1 und M3 Belege heraus, die Herzls anfänglichen Wunsch, sich zu assimilieren, illustrieren.
3. Stelle die Probleme dar, welchen viele europäische Juden in der zweiten Hälfte des 19. Jh. ausgesetzt sind (M1 und M2).
4. Erläutere unter Rückbezug auf den letzten Absatz in M2 den Begriff Zionismus.
5. Beurteile, inwieweit Herzls Zionismus als Antwort auf (s)eine gescheiterte Assimilation verstanden werden kann.
6. Bewerte, inwieweit Herzls Modell der Assimilation auch heute noch ein tragfähiges Konzept darstellt.

copy

© Wochenschau Verlag

M1 Berlins erstes Start-up

Das junge Kaiserreich wie seine Hauptstadt erleben in den 1880er-Jahren einen wirtschaftlichen Aufschwung, was eng mit Innovationen wie der Elektrizität und Gründern wie Emil Rathenau (1838–1915) verbunden ist.

1838 als Sohn einer jüdischen Kaufmannsfamilie geboren, lernt der junge Rathenau zunächst in einer Fabrik eines Onkels, um darauf Maschinenbau zu studieren. Berufserfahrungen sammelt er in der Eisenbahnfabrik August Borsig in Berlin sowie in England, dem Mutterland der Industrialisierung. Rathenaus erste unternehmerische Tätigkeiten sind von geringem Erfolg gekrönt: Er kauft nach der Rückkehr aus England (1865) eine kleine Maschinenfabrik und steigt acht Jahre später infolge der Gründerkrise wieder aus. Auch scheitert der Versuch, in der Reichshauptstadt ein Fernsprechnetz aufzubauen, genauso wie der Versuch, gemeinsam mit Werner von Siemens eine elektrische Straßenbeleuchtung in Berlin zu errichten.

Erst als Rathenau sich die Deutschland-Lizenzen für die von Thomas Alva Edison erfundene Glühbirne sichern kann, die Deutsche Edison-Gesellschaft und schließlich die Allgemeine Electricitäts-Gesellschaft (AEG) gründet (1887), steigt auch sein unternehmerischer Erfolg: Um Glühbirnen beleuchten zu können, wird Strom benötigt. Zur Stromerzeugung sind Kraftwerke erforderlich. Um den Strom an Haushalte weiterleiten zu können, bedarf es Übertragungskabeln. In der industriellen Produktion werden die wartungsanfälligen Dampfmaschinen durch Elektromotoren ausgetauscht. Und genau diese Produkte kann die AEG liefern. Das elektrische Licht erfreut sich in Berlin alsbald großer Beliebtheit. Es folgen Kapitalerhöhungen und der Einstieg von Größen wie der Deutschen Bank und Siemens & Halske. Bald beschäftigt die AEG an die 3000 Mitarbeiter und ist international tätig.

Rathenau setzt zunächst vor allem auf Bahnen und Kraftwerke. Da sich viele Städte diese nicht vollumfänglich leisten können, bietet Rathenaus AEG den Bau und Betrieb der neuen Technik an – mit der Möglichkeit, sie später erwerben zu können; ein im Kaiserreich bisher unbekanntes Geschäftsmodell. Rathenau erkennt früh die Chancen einer elektrischen Produktion: Arbeitskräfte können eingespart, Produktionsabläufe effizienter gestaltet und folglich die Preise gesenkt werden. Und Rathenau wagt Neues. Wechselstrom lässt sich bislang nicht über lange Strecken übertragen. Der AEG gelingt dies jedoch und sie setzt mit dem Bau der ersten Überlandleitung (1891) die Voraussetzung für die Elektrifizierung Deutschlands. Rathenaus AEG bedient sich neuartiger Strategien: Sie beobachtet den Markt und kauft Patente, setzt dafür weniger auf Eigenentwicklungen, verfolgt ein aggressives Marketing und erweitert das Unternehmen strategisch.

Weitere Innovationen folgen: Die AEG entwirft den Vorläufer einer U-Bahn, erfindet den Fön und steigt in den Auto- wie in den Flugzeugbau ein. 1914, mit Beginn des 1. Weltkriegs, ist die AEG mit 70.000 Mitarbeitern weltweit zum internationalen Großunternehmen aufgestiegen.

Autorentext, inspiriert von: Björn Hartmann: Berlins erstes Start-up – Emil Rathenau und die AEG, Berliner Morgenpost, 20.6.2015: https://www.morgenpost.de/berlin/article142799043/Berlins-erstes-Start-up-Emil-Rathenau-und-die-AEG.html

M2 Merkmale eines Start-ups

Ein Start-up-Unternehmen (von englisch to start up „gründen, in Gang setzen"), auch Startup Unternehmen oder kurz Start-up, ist eine Unternehmensgründung mit einer Geschäftsidee und hohem Wachstumspotenzial. Oft haben die Start-ups es dabei mit einem jungen oder noch nicht existierenden Markt zu tun und müssen erst ein funktionierendes Geschäftsmodell finden. Haben sie dieses etabliert, gelten sie allgemein nicht mehr als Startup. Ehemalige Startups bewahren sich mitunter die erfolgreichen Ansätze von Startups (wie Innovationsfähigkeit, Flexibilität, Modernität, flache Hierarchien), fördern sie durch Inkubatoren, gründen bzw. gliedern eigene Sparten als Startups aus (sogenannte Spinoffs) oder übernehmen Startups durch Zukäufe. Die Finanzierung eines Start-ups erfolgt wegen der hohen Risiken meist nicht über klassische Finanzquellen, sondern durch sog. Business Angels, (Privatinvestoren), Wagniskapitalfinanzierern oder Crowdfunding.

Wikipedia: Start-up-Unternehmen

1. Skizziere Rathenaus beruflichen Werdegang bis zur Gründung der AEG.
2. Erläutere die Innovationen, welche durch Rathenaus AEG geschaffen wurden.
3. Prüfe auf Basis von M1 und M2, inwieweit es angebracht ist, die AEG mit modernen Startups zu vergleichen.
4. Beurteile Rathenaus Leistung vor dem Hintergrund der Grenzen, welche Juden im Kaiserreich gesetzt waren.
5. In Berlin-Oberschöneweide ist eine Straße nach Emil Rathenau benannt. Nimm Stellung, inwieweit Rathenaus Verdienste eine solche Ehrung rechtfertigen.

copy

© Wochenschau Verlag

M1 Gesetz betreffend die Gleichberechtigung der Konfessionen in bürgerlicher und staatsbürgerlicher Beziehung (3. Juli 1869)

Einziger Artikel

Alle noch bestehenden, aus der Verschiedenheit des religiösen Bekenntnisses hergeleiteten Beschränkungen der bürgerlichen und staatsbürgerlichen Rechte werden hierdurch aufgehoben. Insbesondere soll die Befähigung zur Theilnahme an der Gemeinde- und Landesvertretung und zur Bekleidung öffentlicher Ämter vom religiösen Bekenntniß unabhängig sein.

Bundesgesetzblatt, 1869, S. 292

M2 Anzahl der jüdischen Bevölkerung in deutschen Großstädten

	1871	% der Bevölkerung	1910	% der Bevölkerung
Großberlin	36.325	4,3	144.043	4,3
Frankfurt a. M.	10.009	7,1	26.228	6,3
Breslau	13.916	6,4	20.212	3,9
Hamburg	11.954	4,0	19.472	1,9
Köln	3.172	2,4	12.393	2,0
München	2.994	1,8	11.083	1,9
Leipzig	1.739	1,1	9.434	1,6
Nürnberg	1.813	2,2	7.815	2,3
Dresden	1.276	0,7	7.334	0,6

Nach: Reinke, Andreas: Geschichte der Juden in Deutschland 1781–1933. Darmstadt 2007, S. 74

M3 Berufsstruktur der in Deutschland lebenden Juden nach Wirtschaftssektoren 1895–1907

	1895		1907	
	Gesamtbevölk.	Juden	Gesamtbevölk.	Juden
Landwirtschaft	37,5	1,6	35,2	1,6
Handwerk und Industrie	37,5	22,5	40,0	26,5
Handel und Verkehr	10,6	65,2	12,4	61,4
Öff. Dienst, freie Berufe	6,4	7,1	6,2	7,9
Häusliche Dienste	8,0	3,6	6,2	2,6

Nach: Reinke, Andreas: Geschichte der Juden in Deutschland 1781–1933. Darmstadt 2007, S. 76

1. Erläutere die sich aus M1 ergebenden Konsequenzen für die jüdische Bevölkerung.
2. Analysiere die Statistiken insbesondere in Bezug auf die Kriterien Kontinuität und Wandel.
3. Beurteile, inwieweit M1–M3 als Zeugnisse für den sozialen Aufstieg der jüdischen Bevölkerung im Kaiserreich betrachtet werden können.

copy

© Wochenschau Verlag

M1 Antisemitenpetition

Führende Antisemiten forderten 1880/81 Gesetze gegen die jüdische Emanzipation. Ungefähr 265.000 männliche Bürger unterzeichneten die Petition. Die deutsche Regierung verteidigte die Emanzipation nur halbherzig und Reichskanzler Bismarck, an welchen der Text gerichtet war, weigerte sich, auf die Petition öffentlich zu reagieren.

[...] Die Gefahr für unser Volksthum muß sich naturgemäß in demselben Maße steigern, in welchem es den Juden gelingt, nicht nur das nationale und religiöse Bewußtsein durch die Presse zu verkümmern, sondern auch in Staatsämter zu gelangen, deren Trägern es obliegt, über die idealen Güter unseres Volkes zu wachen. Wir denken dabei vor allem an die Berufsstellungen der Lehrer und der Richter; beide waren den Juden bis in die jüngste Zeit hinein unzugänglich und müssen ihnen wiederum verschlossen werden, wenn nicht die Autoritätsbegriffe des Volkes verwirrt und sein Rechts- und Vaterlandsgefühl erschüttert werden sollen. Schon beginnt das germanische Ideal persönlicher Ehre, Mannestreue, echter Frömmigkeit sich zu verrücken, um einem kosmopolitischen Pseudo-Ideal Platz zu machen.

Soll unser Volk nicht der wirtschaftlichen Knechtschaft unter dem Druck jüdischer Geldmächte, soll es nicht dem nationalen Verfall unter dem Einfluß einer vorzugsweise von dem Judentum vertretenen materialistischen Weltanschauung überantwortet werden, dann sind Maßregeln, welche dem Ueberwuchern des Judentums Halt gebieten, unabweisbar geboten [...] Es ist Gefahr im Verzuge, deshalb gestatten wir uns, [...] mit der ehrfurchtsvollen Bitte zu nahen: [...]

1. daß die Einwanderung ausländischer Juden, wenn nicht gänzlich verhindert, so doch wenigstens eingeschränkt werde;
2. [...] daß die Juden von allen obrigkeitlichen (autoritativen) Stellungen ausgeschlossen werden und daß ihre Verwendung im Justizdienste – namentlich als Einzelrichter – eine angemessene Beschränkung erfahre;
3. [...] daß in allen [...] Schulen aber jüdische Lehrer nur in besonders motivierten Ausnahmefällen Anstellung erlangen;
4. daß die Wiederaufnahme der amtlichen Statistik über die jüdische Bevölkerung angeordnet werde. [...]

Aus: Krieger, Karsten (Hg.): Der „Berliner Antisemitismusstreit" 1879–1881. Eine Kontroverse um die Zugehörigkeit der deutschen Juden zur Nation. Kommentierte Quellenedition, 2 Teile. München 2003, Teil 2, S. 579–83

M2 Einschätzung zur sozialen Stellung der Juden

Der Historiker Arno Herzig (geb. 1937) beschreibt die soziale Stellung der Juden im deutschen Kaiserreich folgendermaßen:

[...] Juden hatten auch nach ihrer Gleichstellung keine Chancen, Diplomaten oder aktive Offiziere zu werden, selbst zu Reserveoffizieren wurden sie zwischen 1885 und 1914 nicht mehr befördert. An den Universitäten erreichten sie allenfalls ein Extraordinariat. 1909 waren von den (unbesoldeten) Privatdozenten 10 % jüdisch. Unter den Extraordinarien waren es 7 %, unter den Ordinarien nur noch 2 %. Auch im Justizdienst erreichten Juden kaum noch das Richteramt oder die Funktion eines Staatsanwalts. Der Staat sollte nach wie vor christlich geprägt sein und durch Christen verwaltet werden. Eine „christliche Obrigkeit und christliche Lehrer" forderte 1892 auch das Tivoliprogramm der Konservativen. Im Schuldienst bot sich für jüdische Lehrer im Volksschulbereich allenfalls eine Stelle an den wenigen Simultanschulen. [...] Verwaltung und Armee gelang es, unterstützt von den zahlreichen antisemitischen Verbänden, ihre Ausschlusspraktiken gegenüber Juden während des Kaiserreichs kontinuierlich aufrechtzuerhalten. Selbst noch im 1. Weltkrieg, in dem sich über 10 000 Juden freiwillig zum Kriegsdienst für Deutschland meldeten, erreichten die antisemitischen Verbände durch ihre Propaganda, dass der preußische Kriegsminister am 7. Oktober 1916 eine statistische Erhebung über die Dienstverhältnisse im Krieg anordnete. Mit dieser „Judenzählung" sollte bewiesen werden, dass Juden sich vor dem Kriegsdienst drückten [...] Als die Befragung den Vorwurf nicht bestätigte, wurden die Ergebnisse nicht veröffentlicht.

Herzig, Arno: Jüdische Geschichte in Deutschland. Von den Anfängen bis zur Gegenwart. München 2007, S. 188 f.

1. Skizziere, weshalb die Verfasser von M1 die deutschen Juden als vermeintliche Gefahr sehen, und benenne die Maßnahmen, welche die deutsche Regierung nach Auffassung der Autoren treffen sollte.
2. Setze M1 mit den Ausführungen Herzigs (M2) in Verbindung.
3. Bereits damals wurde die Petition von bekannten Intellektuellen und Professoren kritisiert. Verfasse ein an die Antisemiten gerichtetes Antwortschreiben, in dem du dich kritisch mit ihren Forderungen auseinandersetzt.
4. Beurteile, inwiefern die deutschen Juden im Kaiserreich als vollständig emanzipiert bezeichnet werden können. Berücksichtige hierbei den Verfassungsanspruch wie die Verfassungswirklichkeit.
5. Bewerte, inwieweit die deutschen Juden im Kaiserreich goldenen Zeiten entgegensahen.

copy

© Wochenschau Verlag

M1 Berliner Synagogen

Die jüdische Gemeinde in Berlin weihte 1714 ihre erste Synagoge ein, deren Innenraum auf Bild 1 abgebildet ist. Das zweite Bild ist der Innenraum der neuen Synagoge, die dort 1866 eingeweiht wurde. Obwohl im Nationalsozialismus und dem Zweiten Weltkrieg vielfach beschädigt, ist sie restauriert und im Stadtbild sichtbar (Bild 3).

Inneres der Alten Synagoge 1725, Inneres der neuen Synagoge 1896

Außenansicht der Neuen Synagoge 2016 (Ansgar Koreng, CC BY 3.0 DE)

1. Beschreibe die Unterschiede zwischen Bild 1 und Bild 2. Ziehe Schlussfolgerungen, welche Gründe dafür wohl entscheidend waren.
2. Beschreibe die Lage und Sichtbarkeit der Neuen Synagoge in Berlin im Stadtbild.
3. Setze die Bauten in Beziehung zur deutsch-jüdischen Geschichte. Beachte insbesondere die Seiten 8 (M2), 17 und 18.
4. Nimm Stellung, inwieweit die Synagogen jüdisches Leben in einer Stadt wie Berlin auch nach außen sichtbar machten und machen und Ausdruck einer Gleichberechtigung jüdischer Menschen sind.
5. Suche die nächste Synagoge von deinem Wohn- oder Schulort aus.

copy

© Wochenschau Verlag

M1 Wahlrecht in den Gemeinden

Der Historiker Andreas Reinke schreibt über das Frauenwahlrecht auf Gemeindeebene:

[...] Mit der Anerkennung als Körperschaften des öffentlichen Rechts im Gefolge der Novemberrevolution waren jüdische Gemeinden mit über 50 Wahlberechtigten verpflichtet, Wahlen auf der Grundlage des allgemeinen Proportionswahlrechts durchzuführen. Damit stand nicht nur das im Kaiserreich gültige Dreiklassenwahlrecht zur Disposition, sondern auch der bis dahin praktizierte Ausschluss von Frauen sowie von Mitgliedern ausländischer Staatsangehörigkeit von den Wahlen zur Gemeinderepräsentation. Nur zögerlich wurde das Frauenwahlrecht in den Gemeinden eingeführt, und um das Wahlrecht für ausländische, und das hieß in der Regel osteuropäische Juden, gab es vor allem in Gemeinden mit hohem Ausländeranteil heftige und lang anhaltende Auseinandersetzungen. Gegen das aktive und vor allem das passive Wahlrecht von Frauen bei den Gemeindewahlen sprachen sich vor allem orthodox orientierte Gemeindemitglieder aus, sahen sie doch in der Beteiligung von Frauen an Entscheidungen in Kultus- und Ritualfragen einen Verstoß gegen das Religionsgesetz. So wurden in Hamburg erstmals im Jahre 1930 drei Frauen in die Repräsentantenversammlung der jüdischen Gemeinde gewählt, während ihnen der Zugang zum Gemeindevorstand, der von den Repräsentanten bestimmt wurde, auch zu diesem Zeitpunkt gemäß der Gemeindesatzung weiterhin verwehrt blieb. Die Hamburger jüdische Gemeinde bildete in dieser Hinsicht keine Ausnahme, sondern kann als repräsentativ für die Mehrzahl der deutsch-jüdischen Gemeinden gelten: 1930 war in zwei drittel der Gemeinden Frauen das passive Wahlrecht nicht vollständig gewährt.

Reinke, Andreas: Geschichte der Juden in Deutschland 1781–1933. Darmstadt 2007, S. 122 f.

M2 Religionsgesetzliche Begründung zum Frauenwahlrecht

Der Breslauer Rabbiner Moses Hoffmann äußert sich am 24. Mai 1923 zum Frauenwahlrecht auf Gemeindeebene folgendermaßen:

Das passive Wahlrecht der Frauen bedeutet einen radikalen Bruch mit der jüd[ischen] Vergangenheit, welche deshalb ohne d[ie] Frau herabzusetzen, Mann u[nd] Frau gleich wie die Natur verschiedene Wirkungskreise zuweist. Auf politischem Gebiete hat dieses Recht keine irgendwie sichtbaren Vorteile gebracht. Es hat nicht im Geringsten dazu beigetragen, die politischen Sitten zu veredeln u[nd] zu mildern, sondern durch Vermehrung der urteilslosen Wählermassen nur zur Radikalisierung nach rechts u[nd] links beigetragen. Das Gleiche würde in der jüdischen Gemeindeverwaltung eintreten. Diese haben schon jetzt das Recht, selbst in Kultus- u[nd] Ritualfragen über den Kopf des sachverständigen Rabbiners hinweg zu entscheiden. Diese Gefahr würde durch das Hinzutreten von Wählermassen u[nd] Kandidaten, welche im Durchschnitt in diesen Fragen noch weniger bewandert sind als die Männer noch vergrößert. [...] Während also aus dem passiven Wahlrecht der Frau auch aus allgemeinen Gesichtspunkten heraus ein greifbarer Vorteil nicht erwachsen würde, würde die gegen das Religionsgesetz erfolgende Einführung derselben ein neuer Zankapfel zwischen den Richtungen schaffen, den Riss der Gemeinde erweitern, möglicherweise die nicht zu unterschätzenden Abtrennungsbestrebungen fördern und stärken.

Aus: Reinke, Andreas: Geschichte der Juden in Deutschland 1781–1933. Darmstadt 2007, S. 122

1. Fasse zusammen, mit welchen Fragen sich jüdische Gemeinden nach der Gründung der Weimarer Republik konfrontiert sahen (M1).
2. Arbeite die Position des Rabbiners im Hinblick auf das Frauenwahlrecht auf Gemeindeebene heraus (M2).
3. Verfasse einen Brief an Rabbiner Hoffmann, in welchem du dich mit seiner Position auseinandersetzt.
4. Diskutiere, inwieweit die Position des Rabbiners bezüglich der gesellschaftlichen Teilhabe von Frauen heute vollends überwunden ist.

copy

© Wochenschau Verlag

M1 Ein Jude als Außenminister

Die wechselvolle Geschichte des Kampfes um die Emanzipation zeigt sich exemplarisch an der Person des Unternehmers, Schriftstellers und Politikers Walther Rathenau, in dessen Werdegang sich die Hoffnungen der jüdischen Bevölkerung zu verwirklichen schienen. 1867 als Sohn des AEG-Gründers Emil Rathenau geboren und seit 1899 im Vorstand der Firma, hatte Rathenau während des Ersten Weltkrieges die Kriegsstoffrohabteilung im preußischen Kriegsministerium aufgebaut und war 1921 zum Reichsminister für den Wiederaufbau ernannt worden. Im Januar 1922 wurde Rathenau, Mitglied der Deutsche Demokratischen Partei (DDP), zum Reichsaußenminister berufen. Zuvor wegen angeblicher „Erfüllungspolitik" gegenüber den Siegermächten angefeindet, wurde er endgültig zur Zielscheibe rechtsnationaler Kräfte; der nationalsozialistischen Propaganda galt er als Personifizierung der „Judenrepublik".

„Knallt ab den Walther Rathenau, die gottverfluchte Judensau", war an Berliner Hauswänden zu lesen – und tragischerweise fand die Parole bald Gehör: Am 24. Juni 1922, keine fünf Monate im Amt, wurde der Außenminister in der Berliner Königsallee in seinem Wagen erschossen. Als Täter wurden Mitglieder der rechtsradikalen Organisation Consul ermittelt, die mit dem Deutschvölkischen Schutz- und Trutzbund in Verbindung stand. Der Trutzbund wurde daraufhin verboten, seine 200 000 Mitglieder in 530 Ortsgruppen gingen in der Folge nahezu geschlossen in der NSDAP auf.

Stiftung Jüdisches Museum Berlin: Geschichten einer Ausstellung. Zwei Jahrtausende deutsch-jüdische Geschichte. Berlin 2001, 142 f.

M2 „Dieser Feind steht rechts"

Einen Tag nach der Ermordung Rathenaus hebt der dem Zentrum angehörende Reichskanzler Joseph Wirth die Verdienste des ermordeten Außenministers hervor und prangert rechtsnationalistische Abgeordnete als Feinde der Demokratie an.

[...] Ist es eine Schande, wenn wir mit jenem gemäßigten Teil des französischen Volkes, der die Probleme nicht nur unter dem Gesichtspunkt sieht: Wir sind die Sieger, wir treten die Boches nieder, heraus mit dem Säbel, Einmarsch ins Ruhrgebiet, wenn wir durch persönliche Beziehungen mit allen Teilen der benachbarten Nationen zu einer Besprechung der großen Probleme zu kommen suchen? Dr. Rathenau war wie kaum einer zu dieser Aufgabe berufen. [...] Seine Sprachkenntnisse, die formvollendete Art seiner Darstellung machten ihn in erster Linie geeignet, an dieser Anknüpfung von Fäden zwischen den Völkern erfolgreich zu arbeiten. [...] Wenn dann ein Mann wie Rathenau über trennende Grenzpfähle hinaus bei aller Betonung des Deutschen, seines Wertes für die Geschichte, seiner kulturellen Taten, seines Forschungstriebes, seines Wahrheitssuchens die großen Probleme der Kulturentwicklung Europas und der Wirtschaft organisatorisch durch seine Arbeiten in allen Ländern, dann als Staatsmann im Auswärtigen Amt mit den reichen Gaben seines Geistes [...] gewährt hat, dann hat er damit dem deutschen Volke einen großen Dienst erwiesen. [...] In jeder Stunde, Demokratie [...], jene Demokratie, die geduldig in jeder Lage für das eigene unglückliche Vaterland eine Förderung der Freiheit sucht! [...] In diesem Sinne müssen alle Hände, muß jeder Mund sich regen, um endlich in Deutschland diese Atmosphäre des Mordes, des Zankes, der Vergiftung zu zerstören! [...] Da steht (nach rechts) der Feind, der sein Gift in die Wunden eines Volkes träufelt. – Da steht der Feind – und darüber ist kein Zweifel: dieser Feind steht rechts!

Wirth, Joseph: „Dieser Feind steht rechts". Reichstagsrede 25. Juni 1922. Verhandlungen des Reichstags. Stenographische Berichte. I. Wahlperiode 1920. Bd. 356. 236. Sitzung. Berlin 1922, S. 8054-8058

1. Skizziere den Werdegang Walther Rathenaus.
2. Arbeite heraus, wie sich Rathenau – nach Wirth – um die Weimarer Republik verdient machte.
3. Verfasse eine weitere (fiktive) Reichstagsrede Wirths, in welcher du für ein Verbot des Deutschvölkischen Schutz- und Trutzbundes wirbst.
4. Diskutiere, inwieweit das Beispiel Walther Rathenaus für eine Vollendung oder eine Zerstörung der jüdischen Emanzipation steht.

copy

© Wochenschau Verlag

M1 Intellektuelle und Künstler in der Weimarer Republik

Ein großes Publikum fanden Schriftsteller wie Max Brod, Alfred Döblin, Lion Feuchtwanger, Franz Kafka, Emil Ludwig, Joseph Roth, Arthur Schnitzler, Carl Sternheim, Ernst Toller, Kurt Tucholsky, Jakob Wassermann, Franz Werfel, Stefan Zweig. Jüdische Verleger wie Mosse, Ullstein, Fischer, Paul und Bruno Cassirer und Kurt Wolff förderten das Bewährte und die Moderne. Am Theater wirkten unter großen Regisseuren wie Max Reinhardt, Leopold Jessner, Viktor Barnowsky prominente jüdische SchauspielerInnen und Schauspieler, zum Beispiel Elisabeth Bergner, Ernst Deutsch, Therese Giehse, Fritz Kortner, Peter Lorre, Lucie Mannheim, Fritzi Massary, Max Pallenberg [...]. Komponisten wie Arnold Schönberg, Kurt Weill, Hanns Eisler machten ganz so von sich reden wie Dirigenten, Otto Klemperer etwa und Bruno Walter. Architekten wie Erich Mendelsohn und Oskar Kaufmann verfochten die klassische Moderne. In fast allen Wissenschaften standen jüdische Gelehrte in der vordersten Reihe. Von neun deutschen Nobelpreisträgern in der Zeit der Republik waren fünf jüdische Naturwissenschaftler: Albert Einstein, James Franck, Gustav Hertz, Otto Meyerhof und Otto Heinrich Warburg. Unter den Geisteswissenschaftlern ragten Ernst Cassirer, Edmund Husserl, Ernst Kantorowicz, Karl Löwith, Gustav Mayer, Erwin Panofsky, Eugen Rosenstock-Huessy (ein wahres Universalgenie), Veit Valentin und Aby Warburg hervor. Die frühe deutsche Soziologie ist ohne Theodor W. Adorno, Erich Fromm, Max Horkheimer, Siegfried Kracauer, Leo Löwenthal, Karl Mannheim, Herbert Marcuse, Franz Oppenheimer nicht zu denken. In der Rechtswissenschaft ragten Hermann Heller und Hans Kelsen, Hugo Preuß und Hugo Sinzheimer hervor. Die Psychoanalyse wurde völlig von jüdischen Schülern Freuds, von Karl Abraham, Siegfried Bernfeld, Helene Deutsch, Max Eitington, Wilhelm Reich beherrscht [...]. Wenn man sich diese Brillanz jüdischer Künstler und Intellektueller [...] und dann die absolute tabula rasa von 1945 vergegenwärtigt, wird einem der unersetzliche Verlust im geistigen Haushalt der Deutschen noch einmal bewusst.

Wehler, Hans-Ulrich: Deutsche Gesellschaftsgeschichte 1914–1949. München 2003, S. 500 f.

M2 Erfolgreiche deutsch-jüdische Wissenschaftler und Künstler: Max Liebermann, Albert Einstein und Otto Klemperer

- 1847–1935
- Professuren in Bern, Prag, Berlin und Princeton
- Maler (Impressionismus)
- Dirigent und Komponist
- „Der zwölfjährige Jesus im Tempel"
- Weimar, Paris, Niederlande
- Relativitätstheorie
- Ausbürgerungsantrag
- 1885–1973
- „Ich habe während meines langen Lebens mit allen meinen Kräften der deutschen Kunst zu dienen gesucht. Nach meiner Überzeugung hat Kunst weder mit Politik noch mit Abstammung etwas zu tun, ich kann daher der Preußischen Akademie der Künste [...] nicht länger angehören, da dieser mein Standpunkt keine Geltung mehr hat."
- 1879–1955
- Konversion zum Christentum
- Berliner Secession
- Patentamt Bern
- Preußische Akademie der Künste
- Rückkehr nach Europa nach dem Ende des 2. Weltkrieges
- Straßburger Philharmoniker Generalmusikdirektor Wiesbaden, Krolloper Berlin, Los Angeles Philharmonic Orchestra, Oper Budapest, London Philharmonic Orchestra
- Grammy
- Exmatrikulation wegen „Studienunfleiß"
- „1905 eine Explosion von Genie. Vier Publikationen über verschiedene Themen, deren jede, wie man heute sagt, nobelpreiswürdig ist"
- Physiker
- Fachlehrer in mathematischer Richtung
- „Kulturbolschewist" und Aufführungsverbot
- Preußische Akademie der Wissenschaften
- Nobelpreis 1921
- „Ick kann jar nich soville fressen, wie ick kotzen möchte."
- Verlässt Münchner Gymnasium ohne Abschluss, Matura in der Schweiz
- „Ich habe einen schweren Fehler in meinem Leben gemacht – als ich den Brief an Präsident Roosevelt mit der Empfehlung zum Bau von Atombomben unterzeichnete; aber es gab eine gewisse Rechtfertigung dafür – die Gefahr, dass die Deutschen welche bauen würden."
- Emigration in die USA
- „Kulturbolschewist" und Aufführungsverbot

1. Erstelle – geordnet nach Betätigungsfeldern – eine tabellarische Übersicht zu jüdischen Künstlern und Intellektuellen in der Weimarer Republik.
2. Recherchiere zu den Biografien von Max Liebermann, Albert Einstein und Otto Klemperer.
3. Ordne die Schlagwörter und Zitate aus M2 der entsprechenden Person zu.
4. Erläutere Gemeinsamkeiten und Unterschiede in den drei Biografien.
5. Der Antisemit Heinrich Treitschke beschreibt das Judentum „als ernsteste Gefahr für unser Volksthum". Nimm vor dem historischen Hintergrund kritisch Stellung zu dieser Aussage.

copy

© Wochenschau Verlag

M1 „Der Zentralverein deutscher Staatsbürger jüdischen Glaubens" – eine passende Antwort auf den Antisemitismus?

Der Mitbegründer des „Zentralvereins deutscher Staatsbürger jüdischen Glaubens", Eugen Fuchs, schrieb 1917:

Welches von den objektiven Momenten (Geburt, Boden, Sprache, Kultur usw.) das schwerwiegendste ist, brauche ich nicht zu entscheiden, weil mir und den anderen Zentralvereinlern, ja ich möchte sagen, der erdrückenden Mehrzahl der jüdischen Deutschen alle objektiven Begriffsmerkmale fehlen, die gemeinhin als Kriterien einer jüdischen Nation gelten könnten. Wir sprechen nicht hebräisch, für uns ist Palästina nicht unser Geburtsland, die Wiege unserer Kindheit, nicht die Grabstätte unserer Eltern; ich kenne es nicht und es ist nicht einmal das Land meiner Sehnsucht, nicht die Heimat, der ich nachstrebe [...]. Ich spreche deutsch, empfinde deutsch; deutsche Kultur und deutscher Geist erfüllen mich mehr als hebräische Dichtung und jüdische Kultur. Bin ich in der Fremde, so sind Deutschland, deutsche Natur, deutsche Volksgenossen, der Gegenstand meiner Sehnsucht; ich mag im Orient nicht leben und nicht sterben. Wie meine Eltern und Voreltern deutscher Staub geworden sind, so will auch ich es dereinst werden. Ich bin zwar ein Kind jüdischer Eltern, und unser Haus war ein jüdisches Haus; aber auch meine Eltern haben deutsch-national empfunden, und der jüdische Einschlag, den ich bekommen habe, ist kein nationaler, sondern ein Einschlag anderer Art gewesen, auf den ich noch zurückkomme. [...]

Ich habe den Zentralverein Deutscher Staatsbürger jüdischen Glaubens mitbegründet, und obwohl ich [...] an jüdischem Selbstbewusstsein und jüdischer Stammestreue mich von keinem Zionisten übertreffen lasse, fühle ich mich, trotzdem ich fast ein Menschenalter in der Bewegung stehe, in meinem Gemüt und in meiner Kultur so eins mit dem deutschen Volke, dass ich mich auch national zu ihm bekenne. Für mich ist das Judentum eine Religions-, eine Stammesgemeinschaft, keine Nation. [...] Für mich liegt die Synthese von Deutschtum und Judentum im folgenden: Ich bin Deutscher von Nation, Jude von Religion und Stammes wegen. Wie mir die Zugehörigkeit zu Preußen, die schlesische Heimat, das Kaufmannshaus der Eltern, die akademisch-juristische advokatorische Tätigkeit eine gewisse Prägung aufgedrückt haben, so hat es ganz besonders auch das jüdische Elternhaus, die jüdische Umwelt getan, in der ich erzogen bin und in der ich lebe. Aber diese Art und Stammesprägung differenziert mich nicht in nationaler Beziehung von den deutschen Christen, beeinträchtigt meine Zugehörigkeit zur Gattung Volk nicht und entfremdet mich dem Deutschtum so wenig, so wenig die besondere Stammesprägung in nationaler Beziehung den friesischen Bauern vom rheinischen Industriearbeiter oder vom Berliner Proletarier trennt. Ich fühle mich als Anwalt sozial und geistig dem christlichen Anwalt näher als dem jüdischen Händler oder Handwerker. Hier in der Heimat werden wir uns nur mehr der trennenden als der gemeinsamen Eigentümlichkeiten bewußt. Ich bin fest überzeugt, daß, wenn ich mit einer Reihe von Menschen in die fremde Wildnis verschlagen würde, ich zuerst Annäherung an den deutschen suchen werde, mag er Jude oder Christ sein, und daß ich nicht in allererster Reihe mich zu dem mich hingezogen fühlen würde, der nicht Deutscher, aber Jude ist. So wie ich, wenn die Erdteile gegeneinanderstehen, mich auf die Seite der Europäer stellen würde, gleichgültig ob sie Christen oder Juden sind, und mich keineswegs zu Afrikanern oder Asiaten hingezogen fühlen würde, bloß weil sie Juden sind. [...] So wenig mein Deutschtum durch mein Judentum verkümmert wird, so wenig wird mein Judentum, d. h. meine Glaubens- und Stammestreue, dadurch beeinträchtigt, dass ich sie nicht zu meinem Nationalbewusstsein mache.

Neue Jüdische Monatshefte 1 (1917), H. 22 (25.8.1917), S. 632 ff.

1. Fasse die Position des Autors im Hinblick auf seine nationale Identität zusammen.
2. Erläutere Unterschiede im nationalen Selbstverständnis zwischen der Position des Zentralvereins und der des Zionismus.
3. Nimm Stellung zu der Frage, wer die passendere Antwort auf den Antisemitismus des 20. Jahrhunderts hat – der Zentralverein oder der Zionismus?

copy

© Wochenschau Verlag

Quellen und Literatur

Benz, Wolfgang: Antisemitismus. Präsenz und Tradition eines Ressentiments. Frankfurt/M. [3]2020

Berkessel, Hans; Brüchert, Hedwig; Dobras, Wolfgang; Erbar, Ralph; Teske, Frank (Hg.): Leuchte des Exils. Zeugnisse jüdischen Lebens in Mainz und Bingen. Mainz 2016

Berkessel, Hans (Hg.): Warmaisa. Klein-Jerusalem am Rhein. Zeugnisse jüdischen Lebens in Worms. Oppenheim 2020

Berkessel, Hans; Endres, Stefan; Möller, Lenelotte; Pfanz-Sponagel, Christiane (Hg.): Kehillah Schpira. „Mögen diese Pflöcke niemals herausgerissen werden." Oppenheim 2022

Dubnow, Simon: Die Geschichte des jüdischen Volkes in Europa. Von den Anfängen der abendländischen Diaspora bis zum Ende der Kreuzzüge. Berlin 1926

Dühring, Eugen: Die Judenfrage als Racen-, Sitten und Culturfrage. Mit einer weltgeschichtlichen Antwort. Karlsruhe/Leipzig 18812

Feilchenfeld, Alfred (Hg.): Denkwürdigkeiten der Glückel von Hameln. Berlin 1913

Geiger, Wolfgang; Liepach, Martin: Fragen an die jüdische Geschichte. Darstellungen und didaktische Herausforderungen. Schwalbach/Ts. 2014

Hardtwig, Wolfgang; Hinze, Helmut (Hg.): Deutsche Geschichte in Quellen und Darstellung. Band 7. Vom Deutschen Bund zum Kaiserreich 1815–1871. Stuttgart 2007

Hartmann, Wilfried (Hg.): Deutsche Geschichte in Quellen und Darstellung, Band 1. Stuttgart 1995

Herzig, Arno: Jüdische Geschichte in Deutschland. Von den Anfängen bis zur Gegenwart. München 2007

Höxter, Julius: Quellenbuch zur jüdischen Geschichte und Literatur, Reprint Zürich 1983

Herzl, Theodor: Der Judenstaat. Versuch einer modernen Lösung der Judenfrage, Leipzig und Wien 1896

Kaletsch, Christa; Glittenberg, Manuel: Antisemitismus an Schulen – erkennen und handeln. Frankfurt/M. 2021

Krieger, Karsten (Hg.): Der „Berliner Antisemitismusstreit" 1879–1881. Eine Kontroverse um die Zugehörigkeit der deutschen Juden zur Nation. Kommentierte Quellenedition, 2 Teile. München 2003

Lorenz, Ina: Die Juden in Hamburg zur Zeit der Weimarer Republik. Eine Dokumentation. Hamburg 1987

Luther, Martin: Von den Juden und ihren Lügen. Neu bearbeitet und kommentiert von Matthias Morgenstern. Wiesbaden 2016

Mendelssohn, Moses: Vorrede zu Manasseh Ben Israel, Rettung der Juden. In: Mendelssohn, Moses: Jerusalem oder über religiöse Macht und Judentum. Hamburg 2005

Mendelssohn, Moses: Gesammelte Schriften, Jubiläumsausgabe, Bd. 7, herausgegeben von I. Elbogen, J. Guttmann und E. Mittwoch. Berlin 1930

Neue Jüdische Monatshefte 1 (1917)

Reinke, Andreas: Geschichte der Juden in Deutschland 1781–1933. Darmstadt 2007

Schoeps, Julius H. und Wallenborn, Hiltrud: Juden in Europa. Ihre Geschichte in Quellen. Darmstadt 2001

Sterling, Eleonore: Judenhaß. Die Anfänge des politischen Antisemitismus in Deutschland (1815–1850). Frankfurt/M. 1969

Stern, Selma: Der preußische Staat und die Juden. Erster Teil, Zweite Abteilung: Tübingen 1962

Stiftung Jüdisches Museum Berlin: Geschichten einer Ausstellung. Zwei Jahrtausende deutsch-jüdische Geschichte. Berlin 2001

Wagner, Richard: Das Judentum in der Musik (1850). Abgedruckt in Wessling, Berndt W.: Bayreuth im Dritten Reich. Richard Wagners politische Erben. Weinheim, Basel 1983

Wehler, Hans-Ulrich: Deutsche Gesellschaftsgeschichte 1914–1949. München 2003

copy

© Wochenschau Verlag